Handbuch
Positionierung

定
位

（上）

台海
出版
社

# 定位

（上）

〔德〕博多·舍费尔——著

李月 高璐——译

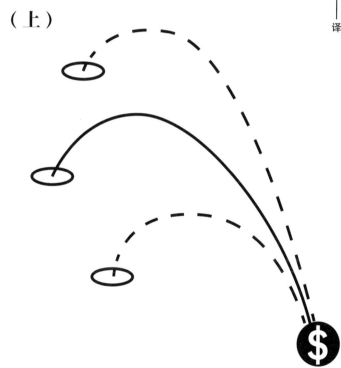

台海出版社

北京市版权局著作合同登记号：图字01-2020-7024

**图书在版编目（CIP）数据**

定位 /（德）博多·舍费尔著；李月，高璐译. —— 北京：台海出版社，2021.6
ISBN 978-7-5168-2967-7

Ⅰ.①定… Ⅱ.①博… ②李… ③高… Ⅲ.①营销管理 Ⅳ.①F713.56

中国版本图书馆CIP数据核字(2021)第065816号

# 定位

| | |
|---|---|
| 著　　者：〔德〕博多·舍费尔 | 译　者：李月　高璐 |

出 版 人：蔡　旭　　　　　　　　　　封面设计：扁　舟
责任编辑：曹任云　　　　　　　　　　策划编辑：李梦黎

出版发行：台海出版社
地　　址：北京市东城区景山东街 20 号　　邮政编码：100009
电　　话：010-64041652（发行，邮购）
传　　真：010-84045799（总编室）
网　　址：www.taimeng.org.cn/thcbs/default.htm
E-mail：thcbs@126.com

经　　销：全国各地新华书店
印　　刷：北京金特印刷有限责任公司
本书如有破损、缺页、装订错误，请与本社联系调换

开　　本：880 毫米 ×1230 毫米　　1/32
字　　数：152 千字　　　　　　　　　印　张：8.625
版　　次：2021 年 6 月第 1 版　　　　印　次：2021 年 8 月第 1 次印刷
书　　号：ISBN 978-7-5168-2967-7

定　　价：59.80 元

在过去的一百年里，我们一直认为必须要术业有专攻……在不同的岗位只是完成工作就好了。……如今我们却认识到，在快节奏的现代世界里，每个人都必须是专家。

——汤姆·彼得斯（Tom Peters）

# 前言　1

　　每个人都应该尽可能多地了解市场营销。我指的是所有人。员工、企业家或自由职业者，无论你从事哪个行业或是在哪个领域工作，即使你与广告、公关、市场营销、销售等行业没有任何直接关系。

　　为什么？

　　市场营销意味着留下标记特征（Leave a Mark）。换句话说，我们要表明自己的独特性。定位意味着找出你的独特特征是什么，而营销就是用来交流这些特征的手段。

　　如今，很难想象毫无营销知识的人能够取得成功。我这么说是有根据的，我指导了很多人，他们中的一部分自身水平很高。指导涉及生活的五个方面：健康、人际关系、金钱、情感和工作或生活的意义。职业生涯及资产财富与我们的营销能力息息相关。但如果你仔细想想，它也影响着我们生活的方方面面。

除此之外，营销还意味着很多，如：

· 我们如何着装。

· 我们的发型。

· 别人怎样评价我们。

为了纪念我的第一次成功，我的教练送给了我一支昂贵的钢笔。他说："一定要认真书写你的名字，这样，别人在读你的名字时才会充满尊重。"

这就是营销知识使你能够做的事情：你可以决定其他人如何看待你、如何看待你的成就和产品。你不是毫无能力的被评论者，而是自己的主宰者。如果你想规划自己的生活，则必须了解营销原则。

愿你可以一直成功地留下自己的独特印记。

致以最衷心的祝福。

# 前言　2

首先，我想祝贺你购买了这本书。因为它表明你已经领悟了定位的三个重要真理。

第一个真理就是现如今只有定位自己，才可能取得真正的成功。这是你既能在职业上取得成就又不至于生活全被工作占据的方式。

第二个真理是你的定位不是一成不变的。你必须得花点心思。最好的方法就是不断向自己提出正确的问题。毫不夸张地说，这本书涵盖了你可以在这个主题上向自己提出的最佳问题。这些年来，我一直致力于完善和收集它们。

第三个真理是从此刻开始，请将定位视为你日常工作的一部分。若长期只是利用空闲的时间去做，那么这些尝试终将会以失败或者平白无故增加你的工作量而告终。所以我建议，到办公室后，将你的第一件需要处理的事情留给"今日定位""阅读几页高质量的营销书籍""思考一下本书中的一些问题"等。

还需要提醒你一些重要的事情——在确保梯子靠在应靠的墙壁前切勿攀爬。否则，你只会更快地到达错误的目的地。你的出发点必须始终如一，即你的优势和你真正的兴趣所在。

一个至关重要的问题：你目前正在发展的是自己的核心业务还是核心能力？从长远来看，如果你更专注于核心业务，会让你觉得很不自由。你还会将自己置于"被逼前行"的状态下。但如若你将核心能力置于首位，那么你将感到充实而自由。因此，请牢记：核心能力优先于核心业务。

你如何能明确地将核心业务与核心能力区分开来？一方面，你要清楚地了解自己的天赋和优势。另一方面，这里有一个明确的提示：如果你在早上的定位中获得了极大的乐趣——毫无疑问，这就是你的核心技能。与此相反，如果你不得不强迫自己遵守纪律，那么你可能已经放弃了自由并试图为某个核心业务效劳。

# 目　录

## 第三部分　建立并巩固自己的定位

# 引言　如何铸就成功

作为一名作者和演讲者，我一直致力于寻找这个问题的最终答案：如何铸就成功以及实现成功的前提是什么？有成千上万的人在我之前已经考虑过这一点，这给我带来很大帮助。在参观并举办了无数研讨会、阅读了大约 3000 本类似的书籍、向一些优秀的前辈请教过后，我想我可以给你一个答案。

想要在工作上取得成功你需要满足三点要求。我所提到的这三部分是为了给你提供一个"概述"。尽管这本书仅从一方面涉及了定位，但请记住，想要获得终身成功，你需要不断扩展这三个部分。你可以在后面以图表方式看到完整内容。这三个部分分别是：

**第一，优势——这个词是一个汇聚所有优势的总称。**

·技能：我们必须通过理论和实践深入了解一项活动的每一个步骤。

·天赋：自然而然所产生的思维模式、感觉及行为。你需要认识到自己的天赋，然后借助技能并通过加入第三点来有针对性地继续发展它们。

· 知识：包括理论知识和实践经验。

**第二，人格特质——若没有这一点，任何事业都将毁于一旦。**

如果你缺乏纪律、野心，对知识的渴望，那么所有优势（技能、天赋和知识）都将受限。在《赢家法则》一书中，我说明了实现内在和外在成功的 30 个前提。以下几点可以划分出人格特质和优势之间的区别。

· 技能：通过坚强的意志力和纪律可以获得某些行为模式，你可以系统地"学会"许多习惯。

· 天赋：可以对某些事情进行专项训练，但是如果我们的性格天生没有这种特质，那么这将很难。因此，我确信并非每个人都适合成为企业家（并非每个人都愿意冒险、渴望权力、想要成功、喜欢麻烦、具有企业家直觉等）。

· 知识：你必须知道一般情况下人的天性如何运作以及它们与生俱来的特别之处（理论和实践）。你只能通过这些知识有意识地提升自己。

**第三，定位——是你在工作上取得成就的第三个前提。**

因为一方面只有通过定位你才清楚，你应该利用你的优势及人格特质去做什么；另一方面（坚持）定位准则是你努力的催化剂。毫不夸张地说，你如果每天使用本书，你将取得意想不到的质的飞跃，你将体验成功的爆发式增长。

现在你可能会问："你怎么这么确定？你甚至一点都不了解我。"我的回答是：首先，我经过多年的演讲和授课，已经仔细观察了数百人，并向他们中的许多人提供了详细的建议，还关注了他们多年来的职业发展。根据我的经验，定位准则和本书所阐述的问题是你成功路上的双重保障，而且这种成功会远远超出你的预期。

其次，我可能比你想象中的更了解你。我之所以写这本书，是因为还存在一些像你们一样渴望成功的人，我希望自己在你们通往伟大和成功的崎岖道路上可以给予一些帮助。

定位

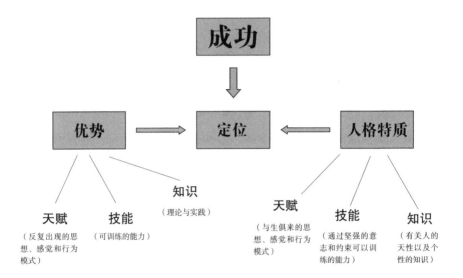

短公式：（优势 + 人格特质）× 定位 = 成功

# ◎ 第一部分

## 成功定位的基础

# 定位自己

看完这本书，你的生活将会被改变！至少它可以使你的收入提高到现在看来不切实际的水平。你可以在三年内实现工资翻倍甚至更多！当然，这些收入并不是上天的凭空赠予。你必须为此付出代价。

首先，你必须绞尽脑汁地反复思考并对某些方面进行彻底的改造。许多人还没有为此做好准备，对他们来说要冒很大的风险。

其次，你必须每天在你的定位上面花费一个小时左右的时间。本书及其中的帮助清单和问题可以为你指明方向，但你必须身体力行。

## 为什么做到专攻的人如此之少

当我在研讨会上提出了一个问题"谁能用几句话描述出他的定位"时，四下几乎一片寂静。甚至在与人面对面地交流时，也几乎没有人回答得出这个问题。我研究得出了几个原因，有几点如下：

**第一，定位的概念还是新的概念，鲜为人知。**

直到大约一百年前，全能型人才才流行起来。即使在今天，人们仍然喜欢羡慕那些"受过高等教育"的人，而对"只精通于某一领域的专家"不屑一顾。但是，在他们的判断中，大多数人都有失偏颇，而且经常是这样的。

**第二，若专注于某一专业，并且一直做同样的事情是很枯燥的。**

当然，这种说法并非出自专家之口。专家知道，与之相对的说法才是正确的。如果你不能专攻一项，你将会停滞不前并且日常活动也会一成不变。你所渴望的工作也只能留给专家去做了。

虽然专家的职责范围很小，但是在许多领域，知识每三年就会增长一倍。专家需要以相同的速度学习，而且是终身学习。当然也只是有这个可能而已，因为专业领域相对来说都比较小且清晰明确。因此，他们的日常"行程"也会一直变化。最重要的是，他们的专业素养一直都在得到提升。

**第三，在许多人看来，专家不仅是很"无趣"的人，也是极其"无聊"的交谈对象。**

该假设也不成立。你越专业，就会有越多的顶级人士向你求助。你认为我们的总理会向那些什么知识都了解一点但却都不够精准的人询问意见？他当然会寻求该领域最好的专家的建议。因此：你在专业领域了解得越多，认识的人就越有趣。

**第四，很少有人将自己定义为专家是因为害怕。**

担心没有足够的客户和工作或者担心会失去客户。因此，许多人更愿意为他们的客户提供尽可能多的服务。他们想和客人建立联系，与他们做尽可能多的生意。

五十年前，这种恐惧在许多领域的存在都是合理的。但在今天，我们拥有许多机会，可以通过现代化的媒介传递信息。当今的交通技术使得距离不再是问题。为了解决特定的问题，我们如今可以轻松驾驶数百公里。

如今，你越专业，拥有的客户才会越多。你可以自己测试一下，谁更难预约，是某个全才还是著名专家？只有那些没有专长的人，如今才需要感到害怕。

**第五，许多人不懂得拒绝。**

他们不想或无法抵抗一路上许多美丽事物的诱惑。就像童话故事中的小红帽一样，他们会被深深地吸引到漫无边际的森林中。为了短期利益，他们忽视了自己的实际目标。专家不仅需要明确地知道自己想要什么，还必须知道自己不想要什么。有坚定不移的执行力才能去伪存真。

# 10 种定位准则

你可以在下面找到 10 种定位准则的概述。

### 定位准则 1：不是更好，而是与众不同。

当我问研讨会的参加者："为什么我要向你购买或者来找你？"我经常听到的回答是："因为我是最好的。"至此，我已经揭露出了职业生涯中糟糕的错误之一。

我当然认为品质很重要。比如清洁类工作，如果你打扫得不干净，那很快就会被淘汰。但是品质这一特点并不适合拿来做广告宣传。其因有二：

首先，时下几乎所有公司都声称自己是最好的。但它们大多数在撒谎。新客人无法判断你是否在说真话。因此，他更喜欢去找可以提供给自己第一个准则的人：不是更好，而是与众不同。

其次，声称自己是最好的，这不会让你变得多么备受瞩目，反倒是再平常不过的了。质量是一切的前提。客人更想知道你与其他供应商的不同之处。关键在于：客户从你这里可以得到什么从其他人那里无法得到的东西？

如果你做大家都在做的寻常之事，那么你的价值就如同沙漠中的沙子。就算你拥有一粒"最好的"沙子，那对你来说也几乎无用。

### 定位准则 2：优秀不够，你必须卓尔不群。

没有人会在乎你是否优秀。我们只对佼佼者感兴趣。优胜者不相信"凡事皆有"的原则。

我们的大脑必须首先学会屏蔽普通和压根不重要的事物。否则那些丝毫不重要的事情会让我们抓狂。我们需要将注意力放在最要紧的事情上。

因此，如果你想让自己引人注目，那么你必须与众不同。你需要找到一种在竞争中脱颖而出的办法。

### 定位准则 3：成为第一。

考虑一下你可以在哪个行业里做到极致。遵循以下原则：市场越小，成为第一就越容易。朱利叶斯·恺撒已经表明："在乡村中成为第一比在城市中成为第二要好。"我的解读：最好是在小型细分市场中拔得头筹，而不是在整个行业中抢占先机。

### 定位准则 4：如果你不能成为第一，请创造出一个新类别。

你还记得大西洋上空的第一次飞行吗？几乎没有人知道第二个越过他的人吧。有趣的是，第三人又一次广为人知：阿米莉亚·埃尔哈特。因为她是第一个这样做的女人。因此，她是女性这个类别中的第一名。

莱因霍尔德·梅斯纳尔（Reinhold Messner）也是如此。他并不是第一个登上珠穆朗玛峰的人，也不是前十名之一。为此他创立了一个新类别：他是第一个没有氧气装置就可登上这座山的人。他是第一个爬上了八千米以上山峰的人，也是第一个向管理人员讲解他们可以从登山中学到什么的欧洲人。

### 定位准则 5：精而非广。

不要试图广泛地渗透市场。你提供得越多，就越难获得关注。太多的公司在太多的事情上面做广告。你的品类太过宽泛，会给客人制造一些不必要的难题。

越"锋芒毕露"越好。你定义的业务范围越窄，市场份额增长就越快。相反，提供的范围越宽泛，占有的市场份额就越小。

因此，你应该通过产品或自身能力来赢得客户的关注。一旦赢得了客户，你当然可以继续为其提供更多的服务。你可以在小众市场（人们不熟知你的地方）做到精尖；但需要向大众市场（你的老顾客）提供符合你自身定位的一切。

如果你尚且"小"并且想要快速成长，则必须有针对性地进入市场，否则你将被拒之门外。

注意：通常，对于大众市场而言，保持精尖较好。因为该准则也适用于你的客户：没有人相信你在许多领域都是专家。你做得越精尖，你的信誉度就越高。你自身越是值得信赖，你就越能取得成功。

你需要勇气去舍弃。少即是多。如果你真的想拥有一番成功的事业，就必须选择一个行业。瞄准比撒网更胜一筹。

## 定位准则 6：瞄准基本需求而不是特定步骤。

专业化是绝对有必要的，但不是特定步骤的专业化，而是基本需求的专业化。你可以通过借助一切手头上的技术手段，选择自己想要成为哪一领域的专家。

这样可以给客户一种感觉，你不仅想要跟他们做生意，更是要借助最好的工具尽可能多地帮助他们。专注于基本需求的专家会让人觉得其专业性不容置疑，同时也传达给别人自信的感觉。

专家的优势之一是：给客户一种感觉，专家全权代表了客户的利益。专家的自主性很强，他们为客户寻找合适的产品或处理方式。当然，专家要起到积极作用：客户会打电话联系他们；而公司领导需要招揽客户。因此：企业家越专业，吸引的客户就越多。

### 定位准则 7：聚焦小目标群体。

大多数人希望给客户提供一切。但是如果你尝试取悦所有人，你将不会取悦到任何人。你需要有针对性。

抓住你的客人。这当然很重要。公司要竭尽全力满足客户需求。在此之前，你应该问自己一个很重要的问题：你是否真的想要这个客户？因为你只会为你所尊重和真正喜欢的客户提供长期且优质的服务。

不要围绕着你所拥有的客户来开展你的业务，而是以吸引你想拥有的客户的方式来建立你的业务。今天的公司可以选择自己想拥有的客户。

为什么需要缩小目标群体并精准确定它们有两个关键因素。

首先，客户希望自己具有独特性，自己的特殊要求及愿望可以被认真看待。"统一对待"被看作不够上心，会被人们所排斥。如若你可以了解到客户的特别之处，则能有针对性地创造出独特且无与伦比的产品。

其次，如果你对目标受众不了解，就不要白白浪费钱去做广告。这样几乎等同于把钱扔出窗外。仅仅了解一些表面的东西也不够。你需要尽可能多地去了解客人的情况：年龄、工作、婚姻状况、业余爱好、观看的电视节目和阅读的杂志、钱的去向、他们的榜样和英雄、学校教育、兴趣……越多越好。

**定位准则 8：为他人解决一个问题。**

你如何用最好的方式找出你的目标群体所面临的最紧迫的问题？你可以与他们保持联系，与你最重要的客户反复交谈，找到他们关心的问题并为其提供解决方案。问题越大，寻找真正专家的愿望就越大。

让别人替你做你为其他人做的事情：相信别人可以帮你解决问题。这样可以帮助你寻找合适的合作伙伴。通常，其他人可能比你更轻松、更经济地解决问题。因此，定位策略的逻辑是将某些任务委派给其他公司并寻找那些技能与你互补的合作伙伴。

### 定位准则 9：说出来吧。

前八个准则若能成功落实仍然不够。你还必须使他人留意到你。就算你是第一个进入火星的人，只要没人知道，对你来说就没有用。

我们还需要对第三条和第四条准则进行补充。你不仅应该是第一人，而且应该是与公众产生关联的第一人。除了公开展示自己的专家身份其他的你什么也不用做。你的知名度决定了你定位的经济可行性。

### 定位准则 10：精准定价。

如果你的公司与众不同，并且可以提供给客户其他公司无法提供的好处，你可以自己定价。如果你没有什么不同，定价的主动权就在竞争者手上。

要么你与众不同，要么必须参与无情的价格竞争。想要保持价格的竞争者，无一例外，全部会在比赛中输掉。你必须出售远远低于产品及劳动力价值的商品。但是，对于专家来说却相反，人们希望你收他们的钱。

### 定位准则 5、7 条的补充

注意：准则 5"精而非广"和准则 7"聚焦小目标群体"并不总是同时适用。有时其中只有一种适用，要视公司和行业而定，不太会两种都不适用。你有可能面临以下选择：

可能性一：对于某些行业和经营理念来说两者均是理想的选择：出色的产品和较小的目标群体。（目标群体的定义：具有相同需求、问题和愿望的人。）而首要选择是：你的产品和目标群体都极为合适（即：精准）。

可能性二：你只选择准则 7，然后向这个小型目标群体提供其在特定领域所需的一切以及适合你定位的需求。只针对你的目标群体（小型目标群体）。

可能性三：你专注于准则 5，这样你只占据一个小型专业领域。然后，你必须向行业中的"每个人"提供此服务或产品，从而放弃准则 7（音乐、书籍、电影……）。

结论：不要仅仅为了满足定位准则，对自己进行不必要的限制。有时也会发生以下情况：特有商品越便宜，目标人群就越大；目标群体越小，报价可以越高。但请关注可能性一的优势：从来没有比可能性一更容易、更划算、更有效的广告方式了。

　　一般而言：定位准则只是一种辅助手段，而非不容置疑的法律条文，可以无条件地适用于每个行业和每个企业。上面给你列举了可能会出现的变体示例。这里再列举最后一个例子：在这种情况下，定位准则1可以被区别看待，在某些行业中，可以并且应该绝对强调质量。但是，只注重质量的公司仍然会落后于提供质量并且拥有与众不同而具有独特性的销售主张的公司。在草率地质疑准则之前，请最好思考"一百次"关于如何使你的业务与客户保持一致这件事。

# 29 种关于定位的思路

1. 不要等到拥有完美的策略。完美意味着缺失。从犯错误开始而不是犹豫不决。

2. 不要试图用你的定位改变别人。你只能赢得那些已经对你所提供的服务持开放态度的人。

3. 除少数例外，你无法与已经有强势地位的团队抗衡。

4. 普遍来说，纷繁复杂之事的最佳定位是中心而不是边缘。如果你专门研究边缘领域或非常小的目标群体，则必须非常坚定自己的事业并为此做好充分的准备。

5. 成功的定位不仅使自己定位于某物，而且定位反对某物（例如，与毒品做斗争）。

6. 若无敌人，何谈胜利。

7. 不要试图欺骗客户。（如果它看起来像鸭子，走起来像鸭子，说话像鸭子：那它就是鸭子。）

8. 专家是被他人视为专家的人。做出决定的不是其他专家，而是群众。不要犯这样一个错误，就是先让其他专家相信你的业绩。能让其他专家信服的只有一件事：你在群众中取得的成功。

9.声誉和名望是专家地位的指标。

10.我们生活在怀疑论者的时代。因此，你必须避免：

（1）夸张和炒作。

（2）任何欺诈的嫌疑。

（3）任何含糊不清的期望。

（4）听起来不切实际的提议。

（5）没有名字（和地址……）的推荐。

（6）把风险推给客户。最好是：保证退款。

（7）任何"夸夸其谈"的措辞。

11.信任最终可以比其他任何事物更能吸引客户的信任。客户购买的途径如下，应始终将其纳入定位考虑因素。

**稳定性→熟悉→信任→购买**

12.为你的商品编制一个故事和应运而生的价值声明。这个价值声明必须与你本人、公司和客户完全匹配。有一个简单的测试可以确定你的故事是否适用：问问自己你的故事是否两极分化。只要你的故事没有两极分化，这个故事就不适用。

13.从长远来看，你是否成功取决于人们如何谈论你和你的公司。你的定位越是清晰，人们就越容易提到你。

大多数企业家都避开了目标群体的问题。但是，由于以下原因，这个问题是不可或缺的。

（1）目标群体问题越相似，你就越容易提供具有说服力的服务。

（2）矛盾的是，较小的目标群体通常会为更大的数量买单，并且产生更大的合理化影响。

（3）有类似问题、愿望和诉求的客户身边也总是会集着有类似问题、愿望和诉求的群体。

（4）你对目标群体的特点和问题了解得越多，你作为问题解决者以及接受此类问题的人就越能成功地出场。

（5）你的最佳目标受众是那些让你可以变成最有潜力的市场领导者的群体。

（6）如果你将时间一直花在各类不同的问题上，那么你只能达到行业的平均水平。

（7）目标群体越小，大型竞争对手的利润就越少。

（8）相同的问题、愿望和诉求，可以使你收获真正的大师水准。

（9）你应该衷心地喜欢你的目标受众。一方面，你将体验更多的乐趣并且获得更多动力；另一方面，你的客户将给你带来更多的信任和好感。

（10）你的目标受众是你最重要的盟友和最佳顾问。因为为了他们自己的利益，你的客户也会尽可能地支持你。

14. 你需要知道为什么客户会向别人推荐你。很简单：对你满意的客户会继续向别人推荐你。但是，你不能只是让客户满意。只有当你知道他们的期望时，你才能做到这一点，否则你将永远无法做到这一点。你必须让客户对你有眼前一亮的惊喜。只有超出客户的预期，你才会取得成功。

15. 68%的顾客离开是因为他们感受到了冷漠。

16. 如果没有投诉管理，你会毁掉自己的定位。原因如下：好的客户体验将会给你带来三次被推荐的机会，而差的体验则会被共享三十三次。在所有不满意的客户中，只有4%的人会抱怨，其余96%的客户，不会有任何行动，这群客户你就白白流失了。因此，如果客户有理由投诉，你需要立即与他们交流。实际上你反倒是该对这些投诉感到高兴，因为你可以赢得稳定的老主顾和推荐人的机会从未如此之大。此外，你永远也找不到比投诉人更好的商业顾问了。

17. 为了解决目标群体的问题，你需要合作。对于每次的合作与伙伴关系都不应该带有情感因素，这点极其重要。而重中之重是你最主要的核心问题：谁能最好地帮你解决它。

18. 在得到妥善处理的投诉客户中，有55%至70%将会成为你的永久客户。如果投诉得到快速处理，这个比率会高达95%。

19. 影响等于压力除以面积。这就意味着：我们集中精力的领域越小，影响就会越大。这个概念既适用于你的公司，也适用于你本人。

20. 从不存在道德或理论上的合理价格。价格取决于供求关系，而作为开创者，会比后来的第二、第三人挣到相对多的钱。

21. 世界上最重要的权力因素是目标群体的所有权。

22. 对你产品的优等质量和带来的出色收益所深信不疑的客户，会很高兴也很骄傲地将你推荐给最好的朋友。

23. 优秀的学习心理学家一致认为，只有第一印象才具有高的记忆价值。它们确保我们在进化过程中得以生存。每每接触到首次碰到的危险源，都会通过持久警告来确保我们的安全，提高我们的生存机会。现如今的情况：谁在客户心中排第一，谁就有巨大的竞争优势。你是第一个有了新产品的人，这并不重要。决定性的因素是谁是第一个让客户对这个产品有深刻印象的人。

24. 认识水平影响专家的推断：我们的大脑更倾向于从一个人的认识水平迅速推断出其专家地位。

25. 如果你能够在同等水平中获得更高的知名度，那么你将在竞争中处于领先地位。

26. 明星顾客通常是自己获得明星地位的跳板。那些照顾明星的人被认为具有专家地位。

27. 我已经在序言中指出，我认为并非所有人都能成为企业家。很少有人能在每个领域都是专家。各个专家的要求必须与各自的技能相匹配。只有这样，才能在几个月内取得巨大成功。另一方面，如果出现重大分歧，再好的战略构想也会失败。因此，在给自己定位的时候，你的天赋应与专家需求档案相匹配。

28. 培养你的优势对于你的定位来说很重要。通过减少漏洞，你将永远不会成为表现最好的人。消除弱点并不会导致优势自动变得更强，因为优势有其自身的模式。

29. 但是，对于你的定位来说重要的是要具有成功地管理自己弱点的能力。

当然，我们每个人都不同，我们的生活条件也不同。但是，如果我们想赚更多的钱并想要实现它，我们都要遵循一定的游戏原则和规则。

1.找出你喜欢的，适合你的才能的东西以及使你"特别"和"与众不同"的原因。

2.辨别出什么使你变得有动力，如果可以，你可以展望一幅人生愿景。

3.如果当下你是一名职员，并且在成为一名职员和自主创业之间犹豫不决（两者之间都有机会成功）时，你需要快速做出决定，并且每隔几年都要再重新选择一遍。

4.每天抽出时间找寻定位。使用 10 条准则作为指导。

5.你如果要做定位，则每天<u>至少在上面花一个小时</u>。

# 9 个问题找到并建立
# 你的个人定位

化解缺点不会使你富有，但会让你扬长避短。你必须为弱点找到解决方案，并为长处找到教练。

你的定位应包含以下方面：

· 你热爱……（乐趣）

· 你可以……（天赋）

· 对他人有……用（解决问题）

定位，最重要的是要找到你人生的真正意义。一旦定位不是你的激情所在，那么只会让你离自己的目标越来越远。

以下问题将会帮助你找到自己的个人定位。你需要定期更新答案，以确保始终保持往正确的目的地前进。

如果在回答问题时突然想到一个你即刻就想去落实的点，请在本章末尾的待办事项列表中记录下来。

1.你喜欢你的工作吗？（要说实话。注意：这个问题不是你的工作是否令人满意。）如果不，那你喜欢做什么？

_____

_____

_____

_____

_____

2.如果你确定不会失败，那么你会做什么？

_____

_____

_____

_____

_____

3.你在你的工作上有天赋吗？如果没有，那么你在哪些方面有天赋呢？

_____

_____

_____

_____

_____

（a）天赋指的不是出色的性格特征。你还记得什么是真正的天赋吗？请注意天赋的定义（请参见前言）。

_____

_____

_____

_____

_____

（b）进行天赋分析。

_____

_____

_____

_____

（c）以下五个问题可以助你找到天赋。

Ⅰ.什么符合你的自发反应，例如在紧急情况下？

_____

_____

_____

_____

定位

Ⅱ.你的梦想是什么？如果你拥有世界上所有的金钱和时间，你会做什么？

_____

_____

_____

_____

_____

_____

Ⅲ.你学什么东西最快？

_____

_____

_____

_____

_____

_____

Ⅳ.你对什么怀有热情？

_____

_____

_____

_____

Ⅴ.当你有很多事情要处理时，你会首先选择哪项任务，因为你觉得它最有趣？

_____

_____

_____

_____

4.如何用你的天赋解决他人的难题？

_____

_____

_____

_____

5.你的短板是什么？针对自己的弱点你有哪些应对措施？

_____

_____

_____

_____

_____

（a）忽视（如果它与你的目标不冲突）。

_____

_____

（b）寻找解决方案（例如聘请会计师）。

_____

_____

（c）训练（例如外语或修辞）。

_____

_____

（d）转化为优势（幻想成为演员……）。

_____

_____

6. 谁可以凭借自己的优势"训练"你？

_____

_____

_____

7.你想在五年后<u>变成</u>谁?

_____

_____

_____

_____

_____

8.你想五年后做什么?

_____

_____

_____

_____

_____

9.你想在五年后<u>拥有</u>什么?

_____

_____

_____

_____

_____

_____

_____

# 待办事项

在此处写下你从答案中学到的个人经验，并创建你想要在 72 小时内就开始着手去做的待办事项清单要点。

经验：

_____

_____

_____

_____

要做什么：

_____

_____

_____

_____

# ◎ 第二部分

## 25 个问题分析你目前的定位

# 你目前的定位

尽可能详细地回答以下25个问题，以清楚地了解你和你的公司目前所处的位置。即使你已经知道你当前的定位，当你在回答问题时，也会变得更加了解你的公司、产品、竞争对手和客户。在第二部分末尾写下待办事项清单中的所有要执行的要点。

在处理专业或业务的新定位之前，你首先应该开诚布公地分析目前的定位。

1.用一句话描述你当前的职位。你提供（或计划提供）什么产品或服务？

_____

_____

_____

_____

_____

_____

2.你的主要优势是什么？问问自己"我的顾客可以从我这儿得到什么？"。

_____

_____

_____

_____

3.优势中的优势又是什么？你与竞争对手有何不同？客户可以从这种优势中受益吗？

_____

_____

_____

_____

4.你是否有足够的创造力和人力来应对不断增长的需求？

_____

_____

_____

_____

5.写下你的公司名称；然后分析它传达了你的哪些优势以及你的哪些定位。

_____

_____

_____

_____

_____

6.你最终是否会使用每天工作时间的 30% 来定位自己？

□ 是 □ 否

是什么阻止了你？

_____

_____

_____

_____

_____

_____

7. 你知道你的 LCV（Lifetime Customer Value），即终身客户价值吗？换句话说，你是否知道客户在与你的整个业务关系中平均能为你带来多少销售额？

_____

_____

_____

_____

_____

8. 你是否专门做过测试？是否将结果精准地记下来了？

_____

_____

_____

_____

_____

# 你的产品有哪些优势

9. 你的产品或服务有哪些优势？为什么有人会从你这里购买？

_____

_____

_____

_____

_____

10. 你的目标人群到底是哪些？描述一下他们的年龄、收入、生活在哪里、他们的消遣活动、阅读的杂志、会开车去哪里、驾驶的汽车等。

_____

_____

_____

_____

_____

_____

11. 谁在和你争夺客户？（注意：这不仅关系到你所在行业的竞争对手！）

_____

_____

_____

_____

_____

_____

12. 人们为什么要向你购买？

_____

_____

_____

_____

13. 你采取了哪些措施阻止竞争对手夺取你的市场份额？

_____

_____

_____

_____

# 谁是你的客户

14. 你为客户解决了哪些特殊的问题？

_____

_____

_____

_____

_____

_____

15. 你是否会定期与客户交流？如何交流？

_____

_____

_____

_____

_____

_____

16. 写下你的任务说明（一到五个句子，将你的优势传达给客户）。

_____

_____

_____

_____

_____

17. 你的 USP（独特的销售主张，即客户应向你购买的独特原因）是什么？

_____

_____

_____

_____

_____

18. 你是否有数据库形式的客户文件？到目前为止统计了多少？

_____

_____

_____

_____

19.详细描述那些最有可能成为你客户的人。

_____

_____

_____

_____

（a）这些客户最想要听说你产品的<u>什么</u>？

_____

_____

_____

_____

（b）客户最喜欢<u>在哪里</u>听说你的产品？

_____

_____

_____

_____

_____

（c）他们最喜欢<u>通过什么方式</u>听说你的产品？

_____

_____

_____

_____

_____

_____

20. 你的主要矛头是什么（如单一产品、大部分价格特别低）？

_____

_____

_____

_____

_____

_____

21.什么是向上销售①，即如何继续"推销"产品？

_____

_____

_____

_____

_____

_____

22.你是否定期尝试新的营销方式？哪一些？

_____

_____

_____

_____

_____

_____

---

① 向上销售指根据既有客户过去的消费喜好，提供更高价值的产品或服务，刺激客户做更多的消费。如向客户销售某一特定产品或服务的升级品、附加品或者其他用以加强其原有功能或者用途的产品或服务，向上销售也称为增量销售。这里的特定产品或者服务必须具有可延展性，追加的销售目标与原产品或者服务相关甚至相同，有补充、加强或者升级的作用。例如汽车销售公司向老客户销售新款车型，促使老客户对汽车更新换代。

# 你的知识储备有多少

23.你对以下几点的了解有多少？如果有必要，要如何改进？

（a）发展极具诱惑力的产品。

_____

_____

_____

（b）写出好的副本（广告文案）。

_____

_____

_____

（c）通过直接写邮件。

_____

_____

_____

（d）通过广告。

_____

_____

_____

（e）通过普通的营销。

_____

_____

_____

24.你是否需要营销专家的帮助？你是否已经雇用了一个？

_____

_____

_____

_____

25.下结论的时间到了。整体审视一下：你的定位有多准确？你如何卖出自己的定位？

_____

_____

_____

# 待办事项清单

在此处写下你从答案中学到的个人经验，并列出你想要在 72 小时内就开始着手去做的待办事项清单要点。

经验：

_____

_____

_____

_____

_____

要做什么：

_____

_____

_____

_____

_____

# ◎ 第三部分

## 建立并巩固自己的定位

# 如何找到定位新思路

选择专业或业务定位是一回事，建立并巩固定位则是第二个挑战。以下清单帮助你思考，并为你提供许多新想法。定期回答以下 111+11 个问题，可以审视自己是否走在正轨上。问题的背景可以在第一部分和第二部分中找到。

一方面，这些问题会给你指明方向；另一方面，这些问题会帮助你产生新的想法。许多人单纯地认为他们做不到。但在我看来，他们仅仅是缺乏实践而已。

如果说我们中的某些人天生就具有不断产生出色创意的天赋，这是天方夜谭。实际上，找寻想法是非常艰难的任务。许多人会轻巧地说一句："我脑子里产生不了任何绝妙的想法……"这样他们就不必花心思想并且为想不到而感到抱歉了。

## 如何产生想法

一个想法的诞生，通常需要经历四个阶段，极少数会比这个还高效，通常则需要耗时很久。即使是最有才华的发明家，也常常需要花费很多年才能创造出开创性的发明。他们已经做了数百次的尝试。这是一项艰难的任务，而不仅仅是一场"头脑风暴"这么简单。这四个阶段分别是：

**1. 准备**。列出想要解决的问题。为此，请尽可能多地收集信息。将数据记录下来并去询问其他人。你的大脑会开始越来越强烈地寻找解决方案。

**2. 比较**。考虑一下别人可以接受你的哪些想法。保罗·西蒙透露了他如何从他的著名歌曲《忧愁河上的金桥》中获得灵感："我脑海里浮现出两首旋律。一首是巴赫的合唱，一首是天鹅银石乐队的福音音乐——我将它们放在了一起。"戴尔·卡耐基说过，他的书《如何结交朋友》是如何诞生的："这本书中的想法并不是我自己的，而是从苏格拉底、切斯特菲尔德和耶稣那里窃取过来的，然后我将它们合为一本书。"这本书已被出售了4000万册。

**3. 酝酿**。你大脑的一部分在白天和晚上都会处理问题。你会比较解决方案，交换部分解决方案，最终确定部分结果并记录下来。慢慢地，可以说非常缓慢地，脑海中就可以形成具体的景象了。

**4. 顿悟**。你会突然想到一个主意，仿佛是凭空而来一般，这种情况可能会在你散步或打盹儿的时候发生。如果你已经是一名找寻灵感的专家，那么你会习惯随身携带一张纸，以便产生新的想法时即刻记录下来。米开朗基罗说过："如果人们知道我为自己的卓越成就工作了多长时间，那这一切看起来就不再那么美妙了。"

# 重点建议

成为产生想法的专家。

· 记录你想要寻找解决方案的问题。

· 习惯留意别人成功所使用的新奇、有趣的想法。

· 解决问题最简单的方法：将别人的想法改变一下转化成自己的。

· 成为灵感的收集者。写灵感日记。

· 去你所在领域中最顶尖的地方找寻灵感：如果你是一名股票经纪人，就去华尔街；如果你是冲浪者，就去夏威夷；若是制表师，就去瑞士。你可以在已经具备这种能力的人手下做事，以此来取得进步。

· 考虑将以下哪种方法可以与现有想法共同使用：

1. 你可以交换或替换想法的某些部分吗？

2. 你可以把一些想法合成一体吗？（例如两个想法）

3. 你能改变和适应一些想法吗？

4. 你可以将你的想法转移到另一个领域吗？

5. 你可以将其反过来想吗？

· 养成在入睡前考虑问题的习惯。在某种程度上，你可以指示潜意识在睡觉时处理解决方案。

# 111 ＋ 11 个问题
# 来建立和巩固自己的位置

开始前最重要的问题：如何确保你能回答所有问题，完成后可以重新再做一次。

（a）你什么时候会有规律地为此安排出一段不被打扰的时间？

_____

（b）谁可以和你一起思考？

_____

如果以上问题可以回答，那接下来，我们就开始锻炼建立和巩固自己的定位吧！

定位

1. 你的产品或服务有哪些优势？为什么别人会找你购买？

_____

_____

_____

_____

_____

2. 你能不能用一句话说明为什么有人会找你购买？

_____

_____

_____

_____

_____

3. 人们为什么<u>不</u>找你购买？

_____

_____

_____

_____

_____

4.你的竞争对手是谁？你最成功的三名竞争对手是谁？

（注意：要超越国界去看……）

_____

_____

_____

_____

5.你的竞争对手是如何接近客户的？尤其是你最成功的三

个竞争对手是如何接近他们的客户的？

_____

_____

_____

_____

6.你与竞争对手之间最重要的区别是什么？是什么让你变

得与众不同？

_____

_____

_____

_____

7.你最独特、最重要的优势是什么？（注意：此处说的是优势而非特点。特点列举出品质，而优势说明客户可以从品质中获得什么。）

_____

_____

_____

_____

_____

8.收益中的收益是什么？优势中的优势是什么？（收益：客户可以从中得到什么？收益的收益：客户可以从收益中得到什么？）

_____

_____

_____

_____

9.在客户看来你的主要优势是什么？

_____

_____

_____

10.你上一次与客户交谈是什么时候？你现在如何做到与优质客户保持两至三次的碰面机会？

_____

_____

_____

_____

_____

11.你认为自己个人最大的优势是什么？

_____

_____

_____

_____

12.在客户眼中，你最大的优势是什么？你从哪里得知的？

_____

_____

_____

_____

13.最优质的客户找到你的最重要的原因是什么？（具体原因！用书面形式联系吗？）

_____

_____

_____

_____

_____

14.为什么你的客户会成为你的老主顾？具体是为什么？

_____

_____

_____

_____

15.为什么你留不住客户？对此你可以做出改变吗？对此你想做出改变吗？

_____

_____

_____

_____

16.如果这不属于你个人优势的范畴，你会怎么做？

_____

_____

_____

_____

_____

17.对于问题16可能会出现的问题，你有什么解决方案？

_____

_____

_____

_____

_____

18.你确定不惧怕成功吗？（每种成功都要付出相应的代价。）

_____

_____

_____

_____

_____

19.你是否有充足的想法和足够的人力来满足不断增长的需求？请将它们列出来。

_____

_____

_____

_____

20.你是否仅在出现紧急需求时（太晚）雇用核心员工？还是在需要他们之前（很长一段时间）就已经雇用，为了可以及时使用？

_____

_____

_____

_____

_____

21.自愿回答：你与哪些客户合作最愉快？

_____

_____

_____

_____

22. 为什么这些客户在你这儿而不是别人那儿购买？

_____

_____

_____

_____

_____

_____

23. 谁可以将你继续推荐给别人？

_____

_____

_____

_____

_____

_____

24. 你是否有书面举荐（客户的书面赞美）合集？谁可以为你提供专业参考？你可以委任谁创建这个合集？

_____

_____

_____

_____

25. 谁与你希望获得的客户建立了成功且良好的关系？

_____

_____

_____

_____

_____

_____

26. 你认识谁，谁认识你想认识的人？

_____

_____

_____

_____

_____

27. 谁能立即拨打 100 个遍布全国的人的电话，或者通过其他方式为你做宣传？

_____

_____

_____

_____

（a）谁可以打 1000 个？

_____

_____


（b）谁可以打 10000 个？

_____

_____


（c）谁可以打 100000 个？

_____

_____


（d）谁可以打 1000000 个？

_____

_____


28. 谁能立即调动 100 名员工为你做广告？ 谁能调动 1000 名？……

_____

_____

_____

29. 谁会成为你的理想客户？

_____

_____

_____

_____

_____

_____

_____

_____

30. 从你的角度来看：你最喜欢哪些客户？哪些会给你带来最好的结果？

_____

_____

_____

_____

_____

_____

_____

_____

31. 从客户的角度来看：哪个目标群体最喜欢你？你（你的服务、产品……）对谁最有吸引力？（目标群体指具有相同问题、需求和愿望的人。）

_____

_____

_____

_____

_____

32. 你的目标市场是什么？（你对理想客户了解得越多，他就会越早地变成你的客户。）

_____

_____

_____

（a）你的客户阅读哪些杂志？

_____

_____

_____

_____

（b）他们的年龄有多大？

_____

_____

_____

_____

（c）他们从事什么职业？

_____

_____

_____

_____

（d）他们有哪些可支配的收入？

_____

_____

_____

_____

（e）他们属于哪个组织？

_____

_____

_____

（f）他们开什么车？

_____

_____

_____

（g）他们听什么广播？

_____

_____

_____

（h）他们看什么电视节目？

_____

_____

_____

（i）他们会出现在哪些邮件列表中？

_____

_____

_____

（j）如果他们是商人：谁是他们的供应商，谁又是他们的客户？

_____

_____

_____

_____

（k）他们最大的困难或失意是什么？

_____

_____

_____

_____

（l）他们最大的抱负和梦想是什么？

_____

_____

_____

_____

_____

（m）他们信任谁？

_____

_____

_____

_____

_____

（n）你的产品能帮他们解决生活中的什么问题？

_____

_____

_____

_____

（o）谁最有可能需要你的产品？

_____

_____

_____

_____

_____

（p）总结：你的目标人群到底是哪些人？

_____

_____

_____

_____

_____

33.你是否询问过客户，你应该以及怎样最好地为自己做宣传？

_____

_____

_____

（a）你的客户会在哪里听说你的产品？

_____

_____

_____

_____

_____

（b）你的客户喜欢听到关于你产品的什么信息？

_____

_____

_____

_____

（c）你的客户最喜欢用何种方式听到你的产品？

_____

_____

_____

_____

_____

（d）你的客户希望<u>多久</u>听到一次有关你产品的信息？

_____

_____

_____

_____

_____

_____

34. 客户最了解自己。因此他们是你最好的业务顾问。学会利用你的客户。向自己提一些有帮助的问题。

（a）你将会如何赢得客户？

_____

_____

_____

_____

_____


（b）你将如何突出自己的优势？

_____

_____

_____

_____


（c）你将如何改善产品，你最弱势的地方是什么？

_____

_____

_____

_____

（d）哪种收益最丰厚？

_____

_____

_____

_____

_____

_____

（e）哪项优势会对你产生最大的影响？在哪里可以看到优势中的优势（通过优势最终可以实现什么）？

_____

_____

_____

_____

35.当前哪些卖方或销售组织正在服务你的目标群体？

_____

_____

_____

36.你可以如何改进你的任务声明?

第一步:最多用五句话写下你的任务声明。（做得好！）

_____

_____

_____

_____

第二步:最多用一两个句子记录相同的内容。只需考虑一下收益就好。（更进一步了！）

_____

_____

_____

_____

第三步:最多用七个词来表达相同的内容。（定位专家,恭喜！）

_____

_____

_____

_____

37. 公司的每个员工都知道你的任务声明吗？

_____

_____

_____

_____

（a）它被挂在哪儿？

_____

_____

_____

_____

（b）谁能记住它？

_____

_____

_____

_____

（c）你的员工对此有何看法？

_____

_____

_____

_____

（d）你如何确保每项声明都能保留持久的生命力？

_____

_____

_____

_____

（e）你如何确保你的客户能持续不断地读到它？

_____

_____

_____

_____

38. 你与媒体、记者、数据库等有怎样的关系？

_____

_____

_____

_____

_____

39.你如何为了获得目标群体而定期地使用媒体的力量？

_____

_____

_____

_____

_____

40.你有故事吗？你是如何讲述你的故事的？

_____

_____

_____

_____

41.使你的故事两极化（否则你就没有故事）。故事的两

个极端分别是什么？

_____

_____

_____

_____

42. 对你和你的成就最不利的言论是什么（消极一端）？

_____

_____

_____

_____

43. 你如何抵消消极的一端？（你不能更改，但是可以将极其不确定的移至积极一端。）

_____

_____

_____

_____

44. 如果你遭到大规模攻击，你是否有备选计划？

_____

_____

_____

_____

_____

_____

45. 谁会通过攻击你来突显自己和自己的成就？（人们可以否决这种行为方式……）

_____

_____

_____

_____

46. 哪些非竞争者可以向你提供他们的数据库？这些商人有什么难题？

_____

_____

_____

_____

47. 你可以回报对方什么？

_____

_____

_____

_____

48. 哪个地址供应商可以发送或添加有关你的产品或服务的信息?

_____

_____

_____

_____

_____

49. 哪些代表大会、商谈和其他特别活动可以为你所用?

_____

_____

_____

_____

_____

50. 贵公司有哪些短板? 有哪些因为自己的不足之处导致无法帮客户解决的问题?

_____

_____

_____

_____

51. 你可以与谁合作？谁会让你在解决问题（瓶颈）时如虎添翼？

_____

_____

_____

_____

_____

52. 你的哪个目标群体拥有自己的信息媒介？

_____

_____

_____

_____

_____

53. 你可以或者说应该改进自己的名称吗？

_____

_____

_____

_____

54.你可以改进你独特的销售主张吗?

_____
_____
_____
_____
_____
_____
_____

55.你是否会测试你的产品且使其转化为持续不断的订单?（清单、价格、矛头、免费提供、附加物、名称、承诺、设计、颜色等。）

_____
_____
_____
_____

56.你知道你的终身客户价值吗？你会如何扩充它？

_____
_____
_____
_____

57. 如何扩充客户档案（内部客户资料）？

_____

_____

_____

_____

58. 如何再次扩充你的内部客户资料（内部客户资料包括推荐者和潜在用户的清单）？

_____

_____

_____

_____

59. 你如何更及时地为客户提供服务？

_____

_____

_____

_____

60. 如何更快地管理更多信息?

_____

_____

_____

_____

_____

_____

61. 如何为公司的所有重要流程创建SOPS（标准作业程序体系）?

_____

_____

_____

_____

_____

_____

62. 你在标准操作流程中是否明确表述了你的定位?

_____

_____

_____

63. 你的想法是否足够系统化，以至于随时可以开设分公司？你的公司是否可以脱离你独立运作？

_____

_____

_____

_____

64. 是否已经有明确的定位和营销活动？如果你的市场营销负责人和整个市场营销部门明天辞职了，继任者是否可以借助 SOP（标准作业程序）很快接手工作？

_____

_____

_____

_____

_____

65. 你在互联网上投入了多少时间和金钱？

_____

_____

_____

_____

_____

66.你的主页每天或每周都会更新吗?

_____

_____

_____

_____

_____

_____

67.如何确保客户每天、每周或其他频率定期访问你的主页?

_____

_____

_____

_____

_____

_____

_____

68.你的主要矛头是什么？

_____

_____

_____

_____

69.当他们还不熟悉你和你的成绩时，人们如何真实地对

待你？（你对这种影响满意吗？）

_____

_____

_____

_____

70.你的向上销售系统是什么？ 你如何完善它？

_____

_____

_____

_____

71. 谁会大批量购买你的产品？这对你来说划算吗？还是说你必须给予折扣，这让你觉得没意思？

_____

_____

_____

_____

_____

72. 你如何使用以下选项提供有吸引力的产品？

（a）费用。

_____

_____

_____

_____

（b）承诺。

_____

_____

_____

_____

（c）免费副本。

_____

_____

_____

_____

（d）抽奖。

_____

_____

_____

_____

（e）免费磁带或CD。

_____

_____

_____

_____

（f）免费手册。

_____

_____

_____

（g）免费赠送（购买一定数量时，可免费赠送一些样品，例如买 10 送 1 ）。

---

---

---

（h）选定人员的免费副本。

---

---

---

（i）常规订单（自动交付每个新产品）。

---

---

---

（j）订阅。

---

---

---

（k）鼓励推荐。

_____

_____

_____

_____


73. 你的营销预算是多少？（最低为营业额的 5%~10%）

_____

_____

_____

_____

_____

_____


74. 你如何建立和扩大自己的专家地位？

_____

_____

_____

_____

_____

75.人们如何谈论你或你的产品或你的服务？你如何改善这种普遍认知？

_____

_____

_____

_____

_____

76.你的公司今天可以具体提高哪些成绩？

_____

_____

_____

_____

_____

77.哪些客户将会继续向别人推荐你？这些客户有什么共同点？

_____

_____

_____

_____

_____

78. 你可以为哪个目标群体提供最大的收益？哪个目标群体最需要你的帮助？

_____

_____

_____

_____

_____

_____

_____

79. 通常哪些目标群体可以接受你的报价？

_____

_____

_____

_____

80. 你能为客户解决一个大（或紧迫）的问题吗？（问题越大，对解决方案和专家的认可度就越高。）

_____

_____

_____

_____

81.在你的目标群体看来，理想的成绩是什么？你是如何知道的？你的知识是否是最新的？

_____

_____

_____

_____

_____

82.为此你能做什么？

（a）成为第一？

_____

_____

_____

_____

_____

（b）创立一个新类别？

_____

_____

_____

_____

_____

（c）与别人区别开来？

_____

_____

_____

_____

_____

（d）变得极其优秀？

_____

_____

_____

_____

_____

（e）你已经拥有哪些具体的解决方案或改进方法？

_____

_____

_____

_____

_____

定位

（f）是什么导致你无法落实方案？

_____

_____

_____

_____

_____

（g）你今天具体可以做什么？

_____

_____

_____

_____

_____

83. 你有没有花心思把你对自己完美表现的设想记下来？你何时会详细执行它？

_____

_____

_____

_____

_____

第三部分 建立并巩固自己的定位

84. 你为什么现在不能实现这一愿景？你当前的核心问题是什么？你如何解决这个问题？

_____

_____

_____

_____

85. 你知道为什么会有顾客来找你吗？他们是如何注意到你的？对此你有记录吗？

_____

_____

_____

_____

86. 你如何才能以相同的方式争取到相似的客户？

_____

_____

_____

_____

· 101 ·

87. 人们对你所在行业的普遍期望是什么？

_____

_____

_____

_____

88. 你是否有固定的流程（例如调查表）来找出客户为什么找到你？是基于什么期望？

_____

_____

_____

_____

89. 你有推荐系统吗？它是系统化的吗？

_____

_____

_____

_____

90. 你会采取什么奖励机制从而可以获得更多推荐？

_____

_____

_____

_____

_____

91. 你知道推荐营销如何以及为什么起作用吗？

_____

_____

_____

_____

_____

92. 你知道客户到你那里时有什么期望吗？

_____

_____

_____

_____

_____

93.你如何做才能超出客户的期望?

（a）一般情况下。

_____

_____

_____

_____

（b）接受订单时。

_____

_____

_____

（c）处理订单时。

_____

_____

_____

_____

（d）处理订单后。

_____

_____

_____

94.你如何一次又一次地向客户证明你把他们看得很重要？（失去客户的主要原因是他们感到了"冷漠"。）

---
---
---
---
---
---
---

95.你是否已经向公众发布了欢迎投诉的消息？

---
---
---
---
---
---

96. 你的客户是否知道这些信息?

（a）你是否乐意立刻听到投诉信息，并将其作为客户最优先的特权? 你是怎么沟通的?

_____

_____

_____

_____

_____

（b）客户可以在哪里投诉? 如何做好交流?

_____

_____

_____

_____

_____

（c）客户有什么途径投诉? 如何做好沟通?

_____

_____

_____

97. 如何避免错误的期望？

_____

_____

_____

_____

_____

_____

_____

_____

_____

_____

98. 谁负责公司的投诉部门？

_____

_____

_____

_____

_____

_____

_____

_____

99.你已经做好补偿方案了吗？（为了可以超出投诉人的期望。）它是什么样的？

---

---

---

---

---

---

---

100.请你定期去询问取消订单的客户："我的产品需要做到什么样子你才会愿意接受？"你从中获得了什么经验？

---

---

---

---

---

---

---

101.问题 100 对你所有的员工来说是否都是系统性的？如
何确保回答的评估和与之相关的信息流的准确性？

_____

_____

_____

_____

_____

102.你理想的目标群体会无条件地信任哪些人？

_____

_____

_____

_____

_____

103.你可以在别人的帮助下解决什么问题？

_____

_____

_____

_____

_____

104.你最理想的问题解决者(针对特定问题)是怎样的?

(a)他应该具有哪些品质?

_____

_____

_____

_____

_____

(b)有哪些能力?

_____

_____

_____

_____

_____

(c)有什么才华?

_____

_____

_____

_____

（d）有什么样的关系？

_____

_____

_____

_____

_____

105. 谁可以为你找到这个人？

_____

_____

_____

_____

_____

106. 如何使目标群体更加信任你？

_____

_____

_____

_____

_____

107. 到目前为止，有哪些客户将你推荐给了别人？

_____

_____

_____

_____

_____

108. 你如何从他们那里获得更多推荐？

_____

_____

_____

_____

_____

109. 你想或应该与谁建立关系？

（a）谁会使你的定位变得更强大？

_____

_____

_____

_____

_____

（b）你如何才能认识这个人？

_____

_____

_____

_____

_____

_____

（c）谁可以帮助你？

_____

_____

_____

_____

_____

_____

（d）你可以给你想与之建立关系的那个人提供什么好处？

_____

_____

_____

_____

（e）给你们的介绍人什么好处？

_____

_____

_____

_____

_____

（f）过去是什么阻碍了你们联系？

_____

_____

_____

_____

_____

（g）现在阻止你的是什么？

_____

_____

_____

_____

_____

（h）你如何消除这一障碍？

_____

_____

_____

_____

_____

_____

_____

_____

110.如何将你与客户的距离拉近？你可以提供什么平台？

_____

_____

_____

_____

_____

_____

_____

_____

111. 不要只问推荐你的顾客。有针对性地问："我们的什么成就让某位女士向您推荐了我们？"你会得到什么答案？（通过这种方式，你可以找出对客户真正重要的事情以及让客户觉得真正值得推荐的地方。）

_____

_____

_____

_____

_____

_____

_____

111 ＋ 1. 你满足客户的哪些基本需求？

_____

_____

_____

_____

_____

_____

_____

111 + 2. 你使用的是否都是最佳方法？

_____

_____

_____

_____

_____

_____

_____

_____

111 + 3. 其他行业有哪些新的方法？你可以将此类创新转

移到你的行业吗？

_____

_____

_____

_____

_____

_____

_____

_____

_____

111＋4.你如何赢得明星客户?

111＋5.描述一下你的最佳客户是什么样的?

111 + 6.为了吸引这样的"最佳客户"，你的公司需要是什么样子?

_____

_____

_____

_____

_____

_____

_____

_____

111 + 7.为了实施这个想法，你现在具体可以做什么?

_____

_____

_____

_____

_____

_____

_____

_____

111 + 8.你如何能更多地谈论自己？你如何提高自己的认

知水平？

---

_____

_____

_____

_____

_____

_____

_____

_____

111 + 9.你设置你的价值了吗？你的故事是如此强大以至

于吸引了新员工吗？

---

_____

_____

_____

_____

_____

_____

_____

_____

111 + 10. 你如何才能成为市场的领导者？你的目标是在明确定义的市场中取得领导地位吗？

_____

_____

_____

_____

_____

_____

_____

111+ 11. 影响等于压力除以面积，所以你现在工作的公司内部面积有多大？

_____

_____

_____

_____

_____

_____

# 现在所有问题的问题：

你在哪个行业里是专家？（最多 7 个词）

| | | | | | | |
|---|---|---|---|---|---|---|
| 第一个词 | 第二个词 | 第三个词 | 第四个词 | 第五个词 | 第六个词 | 第七个词 |

# 待办清单

_____

_____

_____

_____

_____

_____

_____

_____

_____

_____

_____

_____

_____

_____

# 小　结

成功可以很简单：实际上，你每天只需要花费一个小时，除了回答这些问题外，你不需要做太多事情。如果你可以数十年如一日地做下去，就足以使你的收入增加三倍。

请记住：你处理越多与你的核心能力相关的业务，就会变得越有动力。相反，你获得的乐趣越少，就越可能成为核心业务的奴隶。

另外，如果你每天花两个小时处理这些问题，就有可能获得更高的收入。定位没有界限。

你还记得雷德·阿代尔（Red Adair）吗？在 20 世纪 70 年代，经过德国专家历时七天的失败尝试后，雷德·阿代尔扑灭了上普法尔茨地区天然气储存库的大火。他仅仅花了 18 分钟，并且收到了 160 万德国马克的支票。但是他当时并不出名……

你回忆完后，我还有最后一个问题，也是最重要的问题想问你：你将如何确保每天使用本书？你会当下立即为它规划出每天的固定时间吗？

愿你能成功地成为定位专家：希望你一直向自己提出正确的问题！

您真诚的，

博多·舍费尔

# 定位

## （下）

〔德〕博多·舍费尔——著

李月

高璐——译

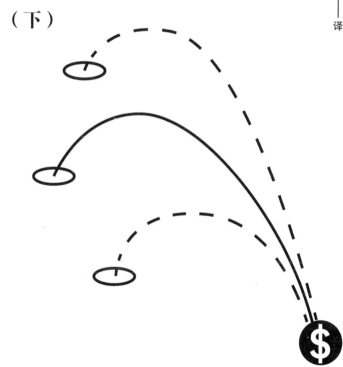

台海出版社

不要告诉别人

你的产品质量如何，

告诉他们你的产品如何使他们受益。


——博多·舍费尔（Bodo Schafer）

# 目　录

## 第三部分　市场营销的实操方法

# ◎ 第一部分

## 市场营销的基础

# 市场营销：其实很简单

到底什么是市场营销？乍一看，它很通俗易懂。市场营销的目的是找到并打动客户，让他们愿意购买产品或服务。

虽然说起来容易，但这其实是一项非常复杂的任务。让我们看一下销售时必须要做的事情：必须要深入了解客户，找到他们真正的需求。

·必须了解竞争对手的产品。

·必须决定产品的销售渠道，例如通过交易营销、直复营销、网络销售等。

·必须设定价格。

·必须利用合适的广告媒介等。

## 客户观念

为了能在整个营销过程中做出正确抉择，改变观念尤为重要。市场营销不再是从内部审视公司，而是从外部通过客户的眼光看待公司。

· 客户想要什么，需要什么？

· 他们愿意为此付多少钱？

· 如何使他们留意到我们的产品？

· 他们有哪些其他选择？

· 此外他们为什么要选择我们而不是竞争对手？

以上是营销策略必须回答的问题。由此可见，营销是整个公司的任务，而不只是指定部门的特别任务。

市场营销专家曼弗雷德·布鲁恩针对这个定义又做了进一步的说明。这个定义虽然听起来比较晦涩难懂，但却直击要点。

市场营销是一种企业家的理念。市场营销使公司的计划、组织、执行和对内外部活动的控制具体化。其目的是始终如一地以客户为导向，使公司提供的服务与客户利益保持一致，从而实现以市场为导向的企业目标。

## 营销不能做什么

营销中的错误之一就是高估了广告的力量。广告只是营销的一部分！如果某个产品或服务的销售不佳或根本无法出售，许多人认为："只要做好营销，就可以万事大吉了。" 现实却更加困难：一个没有人真正需要的、不好的产品，即使运用了最佳营销手段并且做了最具创意的广告活动，也不能被投入市场。良好的营销意味着找到独特的产品，找出客户的需求，找到真正适合的客户群体，运用合适的广告途径，用产品和服务满足客户需求。

# 定位：成为第一名

## 第一名策略

你还记得第一个登上月球的人的名字吗？你肯定能脱口而出尼尔·阿姆斯特朗。但是你还记得第二个，也就是继阿姆斯特朗 22 分钟之后爬出着陆舱的人吗？

这个小猜谜游戏与营销有什么关系呢？它直接引出了市场营销中重要的问题。即关于定位的问题：与其他产品相比，你如何在消费者心目中定位你的产品或服务呢？

这个小游戏可能也揭示了成功最重要的策略：尝试将自己定位为心目中的第一名。因为即使埃德温·奥尔德林（即巴兹·奥尔德林，他是第二个登上月球的人）的表现几乎不亚于阿姆斯特朗，但只有一小部分人会记住他。

你应该始终牢记此策略。在你的所有业务决策中时刻提醒自己：如何成为第一？许多企业家认为他们必须首屈一指。他们在产品上抠细节，钻牛角尖，常常钻研那些对客户不重要的细节。其实更重要的是，成为第一个将客户感兴趣的创新产品或服务推向市场的人。

### 其他策略

除了"第一名策略",也就是定位产品的独特性这一策略,当然还有其他营销策略。我在这里举两个例子。

你可以通过竞争来定位:常用的经典方法是价格战。(例如某句名言:"我们的产品 XY 有着与 Z 相同的性能,但价格更低。")

许多公司试图通过理想的价值使产品在竞争中脱颖而出:这一策略通常会借助名人代言。例如:这是克劳迪娅·希弗(德国第一代超模)用的洗发水。

以上两者均能行得通。但是你可以看到,真正成功的公司,几乎都是通过把自己定位为第一,才取得了今天的成就。

# 市场营销的 7 个准则

**1. 客户都是利己主义的。**

基本上，客户从来不会对你的公司感兴趣，只会对他们可以获得什么好处和优势感兴趣。因此，营销的首要准则是：始终通过客户的眼光看待公司和自己的商品，使公司由内而外地转变！

**2. 存在许多人，他们正在努力吸引你的客户的注意力。**

客户永远不属于你一个人。你的直接竞争对手正在吸引你的客户的注意力。来自与你完全不同的行业广告信息，已经吸引了客户的关注，客户的时间有限，因此，他们只会关注那些与他们息息相关的产品，和那些承诺给予他们最大优势和尽可能独特利益的商品。

**3. 试着成为无法取代的独一无二。**

客户觉得服务或产品中的重要事项，若是通过竞争对手的产品被衬托出来时，就会吸引到客户的注意。因此，营销始终与产品和产品开发紧密相关。

### 4. 严禁撒谎。

营销和广告必须基于真实的产品优势。在一定程度上，客户可以接受广告的夸张化。但是夸张必须始终建立在真实的基本内容的基础之上，基本内容是从要点上与竞争对手区分开产品和服务。好的广告不会使坏的产品获得成功。

### 5. 公司所做的一切都是营销。

传播理论学家兼畅销书作家保罗·瓦兹拉威克（Paul Watzlawick）说："人们不能不互相交流。"这适用于全世界的任何公司。公司不能不与客户沟通。公司为了向客户出售商品或服务，会与客户建立联系。这意味着每家公司的所有部门都需要进行市场营销。最成功的公司是利用策略来进行营销的。

### 6. 只有所有人齐心协力，你的营销策略才能顺利实施。

公司中的每个部门，每个员工都要参与到营销中来。当会计给客户开发票时，这是公司在与客户进行沟通。当客户致电公司时，电话的解决方案决定了你的公司和产品在客户心中的形象。因此，营销策略涵盖了公司的所有部门。这意味着：只有每个人都参与，你的策略才能奏效。

### 7. 良好的营销需要目标和计划。

营销不仅仅是广告的传播。无论你的公司规模多大，你都需要营销目标和计划。计划可以保证营销稳妥地进行，设定目标则可以对成功进行监测。

> 只有在市场上数一数二的公司才有机会在日益激烈的全球竞争中获胜。
>
> ——杰克·韦尔奇（Jack Welch）

> 营销的目标是使销售变得不再必要。它的任务就是让客户足以了解到，你的产品或服务对他们来说极为合适并因此自行产生购买的意愿。
>
> ——彼得·德鲁克（Peter Drucker）

# USP：3 个决定你成功的字母

USP 是 Unique Selling Proposition 的首字母缩写，中文意思是独特的销售主张。意思是一种产品或服务拥有与竞争对手的产品或服务与众不同的特性。USP 是营销成功的前提。只有在针对客户看中的方面提供与竞争对手不同的产品或服务，才有机会被客户接受。

当你找到 USP 后，就已经完成了最重要的任务。之后的一切几乎都会变得像儿童游戏一般。如果你的产品是独一无二的，则很容易制定广告并找到合适的目标群体。

反之亦然。缺少 USP 始终是导致公司失败的原因。如果你所拥有的产品不具备唯一性，那么顾客就没有理由直接来你这里消费。除此之外，吸引顾客的唯一方法就是降低价格。这就是一场毁灭性的价格战的开始，这场战争迟早以破产告终。

如果没有找到 USP，切勿开始。你可以寻找客户并与客户交流，时刻关注着竞争对手！睁大眼睛，因为 USP 可能存在于截然不同的领域。我们可以看一下汽车行业，所有已经成功的汽车都具备前所未有的新功能。

· 可以容纳整个家庭的宽敞空间（雷诺 Espace）

· 每个停车位都适用（smart）

· 无法替代的独特外观（例如新款 mini）

选择和寻找合适的 USP 对于你的整个营销都至关重要，甚至对整个公司也是如此：在产品开发过程中，产品必须具有独特的特质，才会显得与众不同；在策划营销活动和选择目标群体时，必须确定 USP 与目标群体相关；在广告宣传中，必须确保能够简明扼要地向客户展示出你的 USP。

你可以使用下列清单来制定你的产品或服务的 USP。同时，你可以将自己的竞争优势加入其中。你可以一眼就看出你的产品是否在关键点上吗？答案能告诉你，你的产品与竞争产品是否有所不同，以及你的产品是否真的具有独特性。

# 检验清单：找到你的产品的 USP

|  | 自己 | 竞争对手 A | 竞争对手 B | 竞争对手 C |
|---|---|---|---|---|
| 是否具有极高的产品质量？ | ○ | ○ | ○ | ○ |
| 是否具有独特、重要的产品特质？ | ○ | ○ | ○ | ○ |
| 服务是否具有独特性？ | ○ | ○ | ○ | ○ |
| 价格是否更低？ | ○ | ○ | ○ | ○ |
| 在销售中是否有独特成就？ | ○ | ○ | ○ | ○ |
| 公司形象是否极为良好？ | ○ | ○ | ○ | ○ |
| 是否有心理附加福利？ | ○ | ○ | ○ | ○ |
| 其他 | ○ | ○ | ○ | ○ |

# 几乎每个小公司都会犯的 31 个营销错误

### 错误 1：定位不足。

事实上，绝大多数的公司都很重视定位策略，反倒通常是小公司会忽略。因为创始人认为他们已经通过个人经验或基于个人利益角度，认识到了市场空缺。

### 错误 2：模仿竞争对手。

事实上，你可以分析产品和竞争策略，但是，切勿盲目地模仿你的竞争对手。因为我们无从知道我们的竞争对手是否知道自己在做什么。

### 错误 3：伙伴关系增加利润。

事实上，大多数情况给合作伙伴双方带来的利益可能截然不同，其中的一个往往是被利用的。因此很多大公司很早就决定不建立合伙关系。

**错误 4：不想成为市场领导者。**

事实上，哈佛商学院的一项调查显示，市场领导者获得的利润是排名第五或以下的公司的三倍。

**错误 5：将公关和营销委托给别人。**

你当然需要一个部门或负责任的员工来负责公司的营销、公关和广告工作，并开展日常业务。但是营销始终应该是公司的头等大事，营销决策是每个公司的核心决策。

**错误 6：拉尔夫·沃尔多·爱默生曾宣称："如果你可以比你的邻居写出更好的书、可以举办更好的宣讲或者制作出更好的捕鼠器时，即使你把房子盖在偏僻的森林深处，世人也会不远千里找上门来。"**

对此，科特勒教授持相反意见：消费者可能不喜欢用捕鼠器来与老鼠斗智斗勇，也许他们更喜欢化学喷雾、使用老鼠药或者利用猫。实际上那些做出更好的捕鼠器的人都惨遭失败。在可以通过多种多样的方式满足需求的时代，"更好"根本不够好。

## 错误7：为了使公司取得成功而依赖于开发新产品或扩大项目规模。

这样一来，主打产品的声誉可能会受到影响。品牌名称可能根本与产品不符（更不用说定位了），甚至会产生蚕食效应。

## 错误8：报价越有吸引力，被购买的频率就越高，就会获得更大的成功。

这个陈述是完全错误的，因为提供非常诱人的报价通常无法赚钱。（请参考汽车行业：普通汽车的价格在十年内几乎翻了一番。由于汽车装备涉及的范围越来越广泛，汽车也变得越来越贵。）

## 错误9：大客户是最好的客户。

事实上，最大的客户并不总能带来收益。大客户提出的需求最多、会要求最便宜的价格和最好的服务。公司越是依赖于单一客户，业绩下滑带来的影响就会越大。

## 错误10：在我的产品类别中只考虑到几个目标市场。

事实上，对于每种产品和服务，至少有10000个目标市场。

**错误 11：当一个品牌销售不佳时，广告是最有效的解决方法。**

可人们为什么要投资销售不佳的产品？

**错误 12：太少表达自我优势。**

事实上，"你跟别人说得越多，你的产品卖得越好"。消费者的兴趣随着词语、句子和特点的数量而增加。

例如你只介绍了两个特点，那只有 39% 的顾客想要购买，介绍五个特点就会有 73% 的顾客想买，介绍九个特点会有 80% 的人想购买，介绍十二个会有 86% 的顾客想买，介绍二十个就会有 91% 的顾客为之心动。

但是，公司在广告中赋予的信息越多，每个单一信息和整个广告的折旧费用就会下降。一条信息会在顾客第二天留下 70% 的印象，两条信息会留下 50%，四条信息会留下 40%，六条信息留下 35%，八条信息会留下 30%，十条信息的话只能在客户的记忆里留下 10%。

**错误 13：投放连续不断的广告。**

事实上，广告取决于产品。阶段性的广告最适合高周转率的产品，连续的广告则适用于每年购买两次或更少的产品。游戏《魔法七数字》在这里适用。

### 错误 14：小企业家认为他们没有办法做公关。

正确的做法是：你有做公关的机会就应该利用它。如今每个人都可以和当地报纸的编辑聊天或者了解电视或广播电台的员工。最重要的是，你可以选择使用社交网络。

### 错误 15：公司必须接受固定的价格，公司不能影响价格。

事实上，公司不是价格的接受者，而是价格的提供者。价格不是由竞争者决定而是由你定位的唯一性决定的，这一条始终适用。

### 错误 16：直销的效率越来越高。

事实上，尽管直销广告越发越多，但是会有所回应的消费者却越来越少。在过去的十年中，邮购订单的总增长为10%，而供应量则以每年16%的速度增长。所有这些都表明了效率的低下而非效率的提高。因此，你必须具备创造力，并始终致力于找寻和发现新方法。

### 错误 17：争取 100%的客户满意度。

事实上，我们不可能满足每个客户的每个需求。完美的服务不会自动使利润最大化。

当然，每个公司都必须使客户满意。唯一的问题是在多大程度上以什么价格来满足。此外你要知道这不可能适用于每个人。

### 错误 18："我们绝不能失去一个客户。"

事实上，在一些情况下绝对不应该非要留住某些客户，并非每个客户都对公司来说很重要，必须要审视客户的可收益性。

### 错误 19："我没法做到向上销售。"

事实上，大多数公司都进行向下销售而不是向上销售。向上销售的意思是：用相对划算的产品赢得客户，如果你已经赢得了他们的信任，再向他们出售高价产品，这样你就可以从中获利。一个好的向上销售系统产生于长久以来的思考，你不应该畏惧这项工作。

**错误 20：无法创建和完善内部客户资料。**

你应该仔细收集并完善所有客户包括潜在客户的地址。一些企业家不这么做的原因：一方面还有更多要紧的事情需要处理；另一方面，企业家认为，他们要等客户资料足够完善时才着手开始。这种情况通常都为时已晚了。

**错误 21：对理想客户以及他们的问题和担忧不够了解。**

正确的做法是：每位企业家重要的任务之一就是每周至少与客户交谈一次，谈话时间每周应该至少两个小时。

**错误 22：未计算客户终身价值（LCV）。**

事实上，客户终身价值是无论如何都需要一直计算的数据。思路是：当他是你公司的客户时，计算绝大多数情况下你的客户能为你带来多少收益。如果你有了这个数字，那么针对赢得一个新客户要付出多少成本就比较容易计算出来了。

**错误 23：强调性能而不是收益。**

要知道，没有人希望听到长篇大论的关于产品性能的介绍。

人们想要的是收益，最好是收益中的再收益。你可以创建一个关于产品所有属性的列表。对照每一个性能向自己提问：客户可以从中获得什么？然后再问自己一遍，现在客户又能得到什么？这样你就可以确定收益中的再收益。要记住请务必与你的客户交流讨论。

### 错误24：人们觉得无须关注竞争对手。

我们在上文中提到过，你不应该盲目模仿竞争对手。但是通过研究竞争对手，你可以更好地进行市场调查和研究。你可以从错误中学习，并得到具备可行性的启发。

### 错误25：没有不断地进行测试并准确记录结果。

通常，只有在设置了独立的营销部门的情况下才会进行测试。员工应该能够进行测试并准确记录结果。如果你不这样做，那么明天的情况与今天相比不会有任何改善。

你不会从错误中学习，是因为你根本不了解错误。营销与优化成本和开支有很大关系。没有测试，你怎么知道该如何做？除了以精确的数字为基础以外，以其他任何东西为基础都是业余且愚蠢的。

**错误 26：过于频繁地更换营销活动。**

如果你不想出售高周转率的产品，这肯定是不对的。如果一个客户尚不了解你的产品，他必须看过你的广告七次后才可能会购买。因此，你应该把广告长时间固定在某一个平台，并且至少展示七次。

**错误 27：公关公司和广告公司的费用按小时支付。**

正确的做法是：你一定要在已经获得成功的基础上付款。如果你完完全全相信代理商的能力，那你可以和他们就特定的活动协商出一个价格。这给你带来的好处是，如果你不断获得成功，你支付的费用就会越来越少；对于中介公司的好处是，他们可以期待有持续不断的收入来源。

**错误 28：认为营销是在公司外部进行的。**

事实上，营销始终都是先从内部开始的。通过定位，鼓舞员工，包括对员工的培训，培养良好的电话接听态度，快速接收及处理订单的能力。

### 错误 29：没有明确的任务声明或者拟定好的 USP。

事实上，再好的业绩，如果没有一个好的切入点，那也是徒劳无功的。你的无限潜力也会被白白浪费。最好是先将公司停业几周，当你有一个明确的宗旨或 USP 时再重新营业。利用这段时间好好为公司进行定位。

### 错误 30：不付出比你承诺的更多的东西。

你所承诺的其实相对来说并不那么重要，重要的是客户对产品或服务的期望。只有满足这些期望，才会让客户感到满意。

但问题是，你并不知道这些期望到底是什么，或者说每个客户的期望都有所不同。唯一的解决方法是：做比你承诺的更多的事情。你要试图做到超出客户的预期，而不是仅仅满足他们的期望。这就是解决此问题的唯一方式。

### 错误 31：原地踏步。

客户和营销时刻都在发生变化，因此，你必须持续不断地学习。阅读有关广告和市场营销的重要的新出版物，参加研讨会或观看 DVD 研讨会视频。

## 检查清单

你现在需要即刻避免的 17 个错误：

○ 尝试为所有人提供一切

○ 不进行测试

○ 没有定位

○ 没有向上销售系统

○ 没有客户及潜在客户的内部资料和地址

○ 对典型客户的难题及忧虑没有概念

○ 不计算客户终身价值

○ 在广告中强调性能而非收益

○ 没有关注竞争对手

○ 没有系统的绩效评估

○ 只注重广告宣传

○ 没有定期与客户进行私下的沟通

○ 公关和广告代理公司按小时付费

○ 市场营销只发生在公司外部的想法

○ 永远不考虑收益中的再收益

○ 没有任务声明也没有 USP

○ 不付出比你承诺的更多的东西

当今商业生活中的问题是，许多的公司反复采用"下一个大型管理理念"，例如TQM（全面质量管理）、重新设计、缩小规模等。实际上，他们应该做的只有一件事：听取客户的意见，并尽一切可能使他们感到惊喜。

——弗兰克·格森（Frank Gerson）

# ◎ 第二部分

## 销售文案的写作技巧

# 撰写销售文案

即使你自己不编写广告或写销售信，你也必须了解广告的基本规则！只有这样，你才能评估撰稿人的工作，才能在使用高昂的广告或寄出同样昂贵的广告信（邮件）之前，预估信件或广告是否有成功的机会。

## 创造力的谎言

你是否也害怕自己写广告文案？如果是的话，那么你可能也上了广告代理商的当。他们口口声声地告诉我们，我们需要具备非凡的创造力。这当然不是真的！这些广告代理商只是想给广告文案增加神秘的色彩。事实是：文案写作至少有90％的手艺成分，每个人都可以学习，当然也包括你。

幸运的是也有非常多有迹可循的规则，这些规则几乎可以自动生成具有销售优势的文案。这些规则是由投入大量金钱进行了测试的企业家制定的：主要是来自美国的直销企业家，他们在现实生活中将广告和销售信件进行了一遍又一遍的测试，直到找到那些创造出最畅销商品的文案和词汇。后面你将学到其中最重要的规则。

# 畅销文案的 17 条规则

### 规则 1：文案不重要——40/40/20 规则。

是的，你没看错：广告文案的意义完完全全被高估了！总会有企业家来我的研讨会上说："我的产品不再畅销了，我需要一个非常好的广告！"我总是回答："不！ 如果你总是为卖得不好的产品做广告，只会加速你破产！"当没有人想买这个产品时，再好的广告也救不了它。请牢记 40/40/20 规则，然后再决定广告促销活动是成功还是失败。

·产品本身占 40%；

·客户地址清单占 40%（目标人群的选择）；

·广告文案只占 20%。

因此，你成功的 80% 是由你是否在正确的时间向正确的目标人群销售正确的产品决定的。这意味着：你需要专注于你的产品并寻找合适的目标群体。只有这样，你的广告文案才有机会获得成功。当然，这并不意味着广告文案不重要。即使广告文案只占成功的 20% 的比重，这 20% 也可以决定你的公司是否能够真正取得成功。

### 规则 2：直接与读者交流。

"您"是广告文案中最重要的词。直接与读者交流，就好像他们坐在你对面一样。不要说"我们的"而是用"我们"来替代，把那些自夸都省略掉，取而代之的是谈论你的产品究竟能给客户带来什么。

还有一个简单的测试，红色或绿色测试，你应该在广告投入使用前检查每个文案。请你将文案打印出来并且准备两支荧光笔，一支红色一支绿色。现在，用红色荧光笔将你用来表达自己的所有单词涂上颜色："我""我们""我们的"等。同时也用红色将你的公司或产品名称标记出来。

做完这些后，用绿色的荧光笔标记出你想用来直接与读者交流的词："您""您们""您们的"等。在你完成后，请观察红色和绿色的分布。如果红色更多，则应尽快修改文案。因为那样的话，你谈论自己的篇幅过多了，可能会在文案中写了太多自夸的内容，从客户的角度来看提到关于客户利益的语句太少了。我的建议是：最佳状态是在你的文案中，绿色部分至少是红色的两倍。

### 规则 3：针对一个客户撰写。

你要一直假设你只是在为某一个客户撰写文案。例如，当你写一封新的销售信件时，假装将这封信发给你熟悉的一个特别的客户。所以这封信是比较私人的东西。请牢记：你不是想要取悦大众，也不想要满足所有人的要求！前提是你要弄清楚你的特殊客户到底是谁。

### 规则 4：一定要具体。

泛泛而谈是广告文案最大的忌讳。请尽可能地写得具体和准确。千万不要写："你可以通过某物节省很多钱。"而是写："你每年至少可以节省 1500 欧元。"不要写："某物既小巧又方便。"而应该写："它像火柴盒一样小。"这样读者可以马上在脑海中浮现出你产品的样子！

### 规则 5：使用能够勾起人们消费欲望的字眼。

广告文案专家研究了在最成功的广告和销售信件中反复出现的字词。就算这些字词乍一看有点"太吸引人"或"太夸张"或"引人注目"，你也要使用它们。广告的语言必须是易于理解且醒目的，不然你的广告或销售信就不会引起太大的注意，或者只是被顺带地看一眼。广告文案和直销大师阿克塞尔·安德森（Axel Andersson）整理了一个强而有力的词汇清单，它们可以吸引更多对于头条新闻和广告文案的关注。

## 词汇清单

·公认的：公认的方法

·限量发售：此价格仅售 57 件

·更好，前所未有

·证据／证明：你如今可以证明……

·简单／非常简单／超级简单：学习英语、修理钟表等，就是这么简单，四个简单步骤……

·最后

·进口商品

·发现：您发现了这个秘密！

·决定："今天就做出决定……"，现在、立刻

·节省

·惊人的：惊人的事件或进展

·高级的

·额外的：额外好处

- 保证，保修

- 秘诀，秘密建议

- 寻找：我们正在寻找想学绘画的人，要继续接受教育的人，想进步的人……

- 收获/巨大收获/你会收获：你会收获新的朋友，享受有趣的生活……

- 免费的，附加物，无偿的，赠送的，免费测试，免费模板，免费样品

- 当下：即刻，就今天，当下就做出决定

- 无须缴费，没有风险，不需要负责任，没有代表访问

- 学习：您可以在几周内完成学习，学习如何像专业人士一样进行销售

- 简单

- 可能性：X 种应用领域

- 新的

- 再也不会：再也不会腰酸背痛、为钱担忧、站在场外无法参与地站在一边……

- 仅需：每天仅 80 美分，此价格仅剩库存 X 件，一辈子仅有一次

- 更快：更快，更简单，更容易……

- 您

- 即可

- 省钱

- 特殊定制款

- 测试：测试，已做过测试

- 惊喜：您会感到惊喜

- 说服力：用免费的样品来将您说服

- 无捆绑的，无义务

- 令人眼前一亮的

- 完完全全

- 优势

- 为什么 / 哪些 / 还有谁？

- 变成：变成自己的老板

- 您怎样……（列举一项您的优势）

- 我们正在寻找……（例如有远见的人）


## 规则 6：标题是最重要的。

标题或者头版可能是你文案中最重要的部分。尽可能多地在找到合适的标题上花时间。标题必须具备三个特征：

（1）必须让你对余下的文案感到好奇。

（2）必须能引起正确目标群体的注意。

（3）必须向读者承诺一项优势。

专家提示：除非你在脑海中突然冒出了一个好主意，否则不要用写标题作为开始来撰写文案。这可能给你的生活带来不必要的麻烦，因为你很可能会花几天的时间对着白纸绞尽脑汁，最终失去动力。你最好是从文案内容开始，最后再写下标题。你通常会在写完的文案中发现很好的句子，可以以此为标题。

### 规则 7：KISS。

KISS 全称"Keep It Simple and Stupid"。中文意思为：简洁明了！你的文案，需要让最差的那一位也能够理解并且知道自己现在该做什么。请避免使用专业术语或外来词汇，用简单、简短的句子编写。

### 规则 8：AIDA。

AIDA 为你提供了一条重要的文案结构规则。它包括：

Attention（注意力）；

Interest （兴趣）；

Desire （欲望）；

Action（行动）。

按照这个规则组织你的文案：首先借助醒目的标题和引人入胜的简介唤起人们的注意力。再通过列举读者可通过产品获得的多种好处来增加读者的兴趣。然后以极具诱惑的报价唤醒读者购买的欲望（例如"如果您在十四天内回复，即可享受100欧元的折扣"）。最后，清楚地告诉读者现在该做什么（Action），比如："您可以现在致电：……"

### 规则9：施加时间压力。

你应该给读者一个他们为什么需要立即采取行动的理由——类似于"早鸟优惠"。给他们一个立即订购的理由！一旦你的销售信件或广告与办公桌上的其他信件混在一起，你就失去机会了。所以施加一些时间压力吧！

### 规则10：不要害怕长文案。

广告文字必须简短！这是普遍共识。然而很遗憾这是错误的！我不知道这些被一次次不假思索地重复使用的观念起源于谁。我的经验以及经过严格测试的许多其他企业家的经验是：广告文案可以是长的。有许多公司发送了 16 页的广告信件并因此成功。我猜你可能会说："但是没人看啊。"坦白说，我不知道是否有人从头到尾都读下来，但这无所谓，重要的是，较长的文案在大多数情况下要比短文案效果更好。

如果你仔细思考一下，也就不觉得奇怪了。在简短的文案中，供你列举选择你的产品的理由的地方屈指可数，但在较长的文案中，你可以把所有的理由都列举出来。所以长篇文案能够更好地激发人们的兴趣。

举个例子：你想出售在加勒比海度假的旅行活动。在简短的文案中，你可能只能说三个理由，例如：梦幻般的海滩、实惠的价格、舒适宽敞的酒店客房。这时你可能说服了那些想要花很少的钱，躺在海边，住着漂亮木屋的客人。

长文案可以囊括更多内容。例如：儿童照管（这就引起了家庭旅行群体的兴趣）、帆船或潜水课程（这可以吸引运动爱好者）、加勒比海风味菜单（这能吸引美食家的关注）等。文案越长，你能为你的产品赢得的潜在客户越多。（请注意"规则 11"！）

当然，这并不意味着你的文案无论如何都要很长。如果所有的决定性优势都可以用几句话表达出来，那么简短的文字当然就足够了。你不应该为了使文案变长而故意长篇大论地自吹自擂。即使文章再长也应该是这样的：它应该总是能为客户展示新的优点，使之读起来不枯燥乏味。如果你一直重复着无关紧要的内容，读者很快就能察觉到，然后，你的广告很快就会被丢掉。

### 规则 11：把长篇文章像可口的小点心一样切分开！

通过"规则 10"你知道了，长文案有利于销售。不要写可读性差的文章，它们被专家称作无聊的长文案，这些文案没有通过图片、段落或副标题来拆分。如果看到这样的文案，会让人觉得像是在做阅读理解。

用心设计你的文案，让客户轻轻松松、简简单单地就能看到，并且能够吸引读者的眼球。以下技巧将会对你有所帮助：

·多分成几个段落。一段尽可能不超过七行。

·多写几个副标题。想想"规则 10"中加勒比海旅行活动的例子。给每个重要优势单独写一个副标题：梦幻般的海滩，酒店房间，体育设施，儿童照管……这样的话，可以保证每个仓促阅读的客人都能获得有用的信息，每个人都能从中找到他们比较看重的理由。

·你可以借鉴如《焦点》之类的杂志。里面每篇文章都有一个信息栏，你可以用这个方法拆分较长的文案。在这个信息栏中放一些吸引人的信息，这同样也能吸引读者。

想象一下，大部分读者会在短时间内扫几眼你的广告、宣传册、销售信或网站。他们的脑子里总有一个（也许是不自觉的）问题："这里有重要的东西吗？"或者"这里有适合我的东西吗？"请确保在尽可能多的地方尽可能清楚地回答这个问题："是的，这里有专门为你量身定制的东西，有些更是独特的，甚至可以说是前所未有的！"

### 规则 12：不要忽视图片的力量。

在"规则 6"中，你知道了标题是广告文案中最重要的部分。但是在标题之前，每个人都会先看图片！因此，好好设计你的图片和图表！最好是将产品与正在使用它的人一同展示，给人们展示那些从你的产品中获益的人。因为人的照片，尤其是面部照片，最具吸引力。

专家提示：广告文案中有一个经常被忽略的部分，它几乎与标题一样重要。这就是图片说明。研究发现，大多数人会在标题后立即阅读图片说明，有些人甚至只看图片说明。因此，请尝试好好利用它。如果你在图片说明里体现出了特别诱人的产品优势，那读者会对全文感到好奇！

### 规则 13：价格并不重要。

当然，每位真正感兴趣的客户都想知道你的产品或服务的价格。毫无疑问，价格是人们形成购买意愿的决定性因素之一。因此，你应该仔细考虑广告文案中有关价格的问题。这里有几点提示。

·如果你想一开始就能通过广告吸引潜在客户，就先不要谈论价格！例如，如果客户起初只是拿了一张广告宣传或者商品的小册子，那就不要涉及价格这个话题。一旦提到价格，人们就只会关注价格，而不会看你提供的优质服务。

·如果你想尽快完成一单交易，有如下方式：利用一封使客户无法拒绝购买的广告信件，接下来你就可以报价了。你的广告文案首先要围绕所有的关于产品的购买理由展开谈论。你要向客户证明，你的产品会让他们感到满意，然后再说出价格。

·使价格显得更低。例如：你正在出售昂贵同时能提高睡眠质量的床垫。床垫的价格是 400 欧元，使用寿命至少三年。

你可以这样编写你的文案："您愿意为每晚睡个好觉付 37 欧分吗？"（400 欧元除以 1095 晚等于每晚 37 欧分。）400 欧元的床垫似乎很贵。但是一个美好熟睡的夜晚，费用却不超过 37 欧分，这简直就像天上掉馅饼一样！

当然，如果你选择大甩卖，以上的规则则不能适用；如果你可以以极低的价格提供产品或服务，那你当然可以放大价格这个卖点。

### 规则 14：找到客户痛点。

在你的文案中，写下对客户来说重要的事情。展示你的产品或服务可以如何解决客户的实际问题。为此，你需要知道客户的鞋子哪里磨脚。不要在对你这种专业人士来说比较重要的技术细节上耽误时间，你只需在文案中致力于为客户提供解决方案。有一个美国人这样说："卖的是吱吱声，而不是牛排！"

### 规则 15：提供安全性和质量保证。

人们都讨厌做决定！没有人喜欢承诺。决定购买对客户来说就是失去自由。如果顾客想购买一辆很棒的新车，那么他会在奔驰、宝马、保时捷和所有其他品牌之间做出抉择。一旦他签了购买合同，自由就消失了，买家在接下来的几年里都将与这辆新车打交道了。在你的文案中，你可以通过提供质量保证和安全性来克服这一内在障碍。

为你的客户提供免费测试。与杂志订阅一样："前三期免费，如果您满意，再开始订阅。"通过这样的提议，可以降低阈值。

提供质保。美国服装和家居装饰零售商陆地送达（Lands' End）为客户订购的每件服装提供终身保证。如果顾客不满意，他们在几年后仍然可以退还夹克，公司会毫不犹豫地将钱退给他们。几乎没有公司敢做出这种保证，但是这一保证在客户购买产品前就产生了好的印象。陆地送达的客户能够保证自己的自由，因为他们仍然可以撤销自己的选择！

你可以采用这个建议：在文案中展示一些以往客户的满意评价。读者能够看到其他客户在购买产品后感到满意的信息，这也能保证，自己做出了正确的决定。

**规则 16：避免误解和模棱两可。**

确保你所有的文案都清楚地说明了你提供的产品。客户在提交订单时必须确切地知道发生了什么，不确定性或误解会导致交易失败。对所有促销文字进行"奶奶测试"：将广告展示给你的奶奶（或你 11 岁的女儿，或者肯定不了解你业务情况的人），如果奶奶完全能够理解，你提供了什么产品及客户需要做什么，你的文案才是足够清楚的。

### 规则 17：要懂得怀疑你的配偶。

许多企业家将自己写的或是代理机构写的广告文案给私下里比较信任的人看，通常是配偶，也经常是秘书！但是请对他们的判断也保持怀疑态度。

因为问题是：人们每天都会收到他们所认为的好或坏的成千上万条广告消息。这就是为什么大多数人认为他们是广告专家的原因，因为广告对他们来说是如此地熟悉。这也是每个人都敢对广告评头论足的原因："不，我不喜欢这个广告！"或："不错，我认为这很有趣！"

但这并不是那么简单的，你的配偶或秘书是根据个人喜好来判断的。而且，如果他们没有广告方面的经验，他们就不会知道广告中哪些东西经得起检验以及哪些经不起检验。专业的广告人会忽略个人品位，仅根据他们看到了什么可以取得成功的机会来评判广告的文案或设计。

我最近在一家二手书店里找到了一本20世纪50年代的广告文案的小册子，即阿尔弗雷德·基什克（Alfred Kieschke）的《成功的广告信函》，它里面准确地描述了这种联系。由于它特别符合当下基调，所以摘录如下：

> 某些公司通常会向游客发放预销售信函并征求他们的意见。一些人需要通过销售信函与客户联系，但也有企业家的信函是由秘书来评定的。

并不是说应该完全谴责这种"测试程序"，但是绝不应该将它们视为完整或非常合适的做法，对于这种方法是坚决不推荐的，更多的是，它们甚至根本靠不住。

游客对于产品或者消费者有所了解，也许还可以在他们那里得到启发。但是秘书呢？他们对细致的收集工作和筛选工作了解多少呢？他们究竟是如何判断的，为什么会刚好用这样或者那样的考虑方式产生了这个或那个理由？

然而，最靠不住的是被吸引了的消费者的判断。为什么要谨慎地对待消费者的判断呢？因为是由产品的购买者来判断广告文案的价值，还是由其目的是给他们留下深刻的印象并使其行动的文案的接收人来判断，这两者还是有区别的。这可以说是天壤之别。广告实践表明，一些被消费者评价为优秀的文案并没有取得非常显著的成功，而其他一些几乎没有被称赞的文案却出奇地有效。

同事的判断，甚至是经过专业广告培训的同事的判断，也只有在你请求他们做出判断并且你们同时做了准备工作，两者同时具备的前提下，才具有权威性。

通常情况下，人们最好是依据自己的调查、精心编纂的理由、自己的语言和自身影响力及自己的直觉来对自己的广告信件做自检：也可以通过少量印刷来进行初步尝试。


你的客户会竭尽所能地去拿到免费的东西。

——阿克塞尔·安德森


讨论广告文案应该有多长，差不多与考虑优秀将军的身高一样有用。

——德雷顿·伯德（Drayton Bird）


标题是你广告中的广告。

——默里·拉普尔（Murray Raphel）

# 实践工作室：
# 写第一封销售信函的7个步骤

为了撰写畅销广告文案，你必须是一个极具创造力的人吗？不！人们把所谓的创造力看得过于重要了。实际上，文案写作至少有90%的手艺成分，任何对它有兴趣并喜欢它的人都可以学习。

这意味着：如果你愿意，你完全可以随时撰写有创意性且畅销的广告文案。在前面，我已经给了你17条提示和规则。但是，自己真正下笔写时，具体又会碰到什么呢？这部分是一个小型实践工作室，你可以在这里写下自己的第一封销售信函。具体分为7个简单步骤，你可以了解怎么写以及哪些是必须考虑的。

这里拿销售信函来举例。但是原则上，你可以使用任何文本进行此操作——不管你是为广告，小册子还是传单撰写内容。

如何进行具体操作呢？最不应该的就是坐在一张白纸前等待灵感。相信我，它不会主动找上门的！因此专业的撰稿人从来都不会这么工作。

就如同每个手工艺品一样，会有大量的具体操作说明，借助这些你几乎可以自动获得有说服力，至少是比较优秀的广告文案。以下是 7 个步骤：

### 步骤 1：确定你要达成的目标。

这听起来就像是在讨论无聊的战略计划，但这是一件既普通又重要的事情。在下笔写每一行之前，都要确定你想要达成什么目标，并遵循以下规则：你的销售信函应该只有一个目标！

只专注于一个目标！如果你仔细观察，它其实一点也不无聊，你只需要关注，信件的目的是什么。这里以计划投资的金融服务提供商为例，以下这些都可能是他的目标：

· 立即签订合同

· 销售入门级产品以吸引顾客的注意力

· 赢得更多对其感兴趣想要获得更多产品信息的人

· 给客户预约来访日期

· 准备电话咨询

即使是这短短的清单，也能让人明白，如果你的总体目标是 "销售投资"，那么一封宣传信可以有多少个目标。因此，你的第一步是为该广告信函确定具体的子目标。如果你不这样做，那么会有两个危机：

危机1：你的信变得无关紧要，他的受众群体可以是所有人，也可以空无一人。

危机2：你正在毁掉自己的生意。如果你打乱了目标并把所有目标试了一遍，那么文案就会不明确。客户不知道你想从他们那里得到什么，他们自然也不会做出回应。

试想一下，如果你不遵守这个基本规则会发生什么？在投资示例中，你问客户是马上签订合同，还是先暂时了解一下信息，没有人会立即决定！ 即使是很认真并感兴趣的人，也会选择第二个选项。你可能会损失很多钱。所以你只需要提供一个答案选项！

### 步骤2：收集尽可能多的信息。

雇用自由撰稿人后，你可以很快确定他是不是真有本事。一位优秀的自由撰稿人会想你所想、急你所急，他会真正为你产品的含义和优势而花心思……

对你来说，要等到真正了解相关产品或服务的所有知识后再开始动笔。在你不了解客户的问题和期望之前，一行也不要写。为什么这点如此重要？

（1）你对产品、客户和可能用到的领域了解得越多，销售信函的素材就越丰富。你的信函中会被极具诱惑力的产品优势填得满满当当。

（2）你有机会在竞争中脱颖而出。在研究调查中，找到被竞争对手遗忘的重要优势。学会利用竞争对手的懒惰！

例如：你为一个健身器材写一封销售信。在进行调查时，你发现这个器材可以帮助人们在两周内减掉10斤。这真的很棒。但是竞争对手也是利用这个优势来吸引客户的。你可以和对这个健身器材感到满意的客户交流，会有更多人告诉你，这个器材不仅仅可以减肥。用户们还反馈，如果定期用这个设备进行训练，他们的皮肤也变得更加紧致。现在你就可以在信里写道，如果你现在订购这个健身器材，那不久的将来就会变得很年轻。你的竞争对手忽略了这个优势，而你率先提出来了这个理由！

### 步骤3：制作私人清单。

你手头拥有着大量的信息：无序的笔记、旧的产品说明书、客户来信、数据表等。现在是时候将这些信息弄得井井有条了。确保将最重要的东西牢牢记在心上，确保你已经对所有内容都有所了解。

具体如下：为你想写的销售信列一个个人清单，其中包含所有的产品或服务理由、优势及特性。浏览所有材料并列出包含所有优点的列表，至少50个，越多越好。按重要性把所有优点编号。就像热门旅行地排名一样，1＝最重要的优点，50＝最不重要的优点。

规则是这样：用自己的话写下所有的一切。最好不像是在写广告文案，而是像在自己私人的日记里做笔记一样，简短地表达就好。没有人看到！完全放松地写！这样是为了实现两个目标：

（1）你将所有推荐理由用自己的话表达出来。

（2）你会注意到尚不清楚的，你尚未理解的或需要补充其他信息的地方。


**步骤4：现在忘掉一切。**

对，就是字面意思，此时将所有内容保存然后回家。伴随着新鲜的空气度过一个自由的午后，去健身房或终于可以准时回家一次，陪孩子一起看看动画片。无论你做什么，都要让你要写的销售信完全从脑海中消失。如果你可以做自己真正喜欢的事情，那效果是最好的。

这个步骤非常重要，在任何情况下都不能忽略。如果你没有时间，请至少休息两个小时，散散步。

原因：只有通过这一步骤，你收集到的所有信息、推荐理由和产品优点才会成为你生活的一部分。当你做其他事情时，你的大脑也会思考这件事。这时就可以准备写信了！

### 步骤 5：动笔写吧。

现在你可以开始了，你已经完成了四个专业的准备阶段。因此，你不必再担心面对空白的纸张或空白的屏幕。你已经收集了很多材料，可以确定你对文案有了足够多的想法。对白纸的恐惧通常只是因为准备得不够充分。

如果你面对白纸还有一些恐惧，那接下来的步骤会让你摆脱它。

现在是时候开始写了，先不用绞尽脑汁找一个特别吸睛的标题，也不要找能吸引读者的理想的切入点。只需写下你脑袋里的所有想法。即使你脑海中总是出现一些愚蠢的广告语，也请你记下来，否则它会从你的脑海中消失。

你会为这种效果感到惊讶：大约一两页后，第一个有用的想法和表达会出现在纸上。在大多数情况下对文案结构的构思也会出现。例如，如何编写切入点以及如何囊括所有重要的点。

这样，后面的文案将会摆脱杂乱无章。你可以开始删除不必要的部分，然后从产品优点列表开始。将清单放在你的面前，检查文案中是否包含了产品所有重要的优点。

写完销售信件后按照这个简短的清单进行核对。

### 对于已完成信件的快速检查

○ 标题是否能引起客户的兴趣并且激起他们的好奇心？

○ 引言部分是否将标题的主题引出，并且让读者对信件的剩余部分产生了兴趣？

○ 你是否已在信函中列出产品最重要的优点？

○ 你是否强调了最重要的推荐理由？

○ 你是否在信函中提出了明确的行动指示，以便客户知道他们现在要做什么？

如果缺少某些内容，请补充完整并把写好的信件放在一旁。最好在继续之前将信放在一旁，因为下一步需要你有些勇气。

### 步骤 6：丢掉信！

是的，你没看错！把你的第一封销售信揉成一团然后扔进垃圾桶。无论你怎么为文案感到自豪，也无论文案写得多么出色，它只是还能变得更好的初稿。

### 步骤 7：重写。

如果你很坚定并执行了步骤 6，现在就可以从头来过了。但请放心：你并不是真正的从零开始。你已经有了想法，只需要再次写下来即可。其中的小秘诀是：你这次会不自觉地再次检查你的每句表达。对文章措辞的再加工意味着你只会做得更好。你目前的状态是：你正在将一件事情重复做第二次，甚至可以说，你已经是这个领域的老手了！这将使第二稿更容易成功。

### 额外提示：两个问题技巧——将无聊的产品优势转化为清晰的广告论据！

销售信函文本中至关重要的一步：你将再普通不过的产品优势清单转化为有效的广告论据。或者换一种说法：你从文本中提取出来可以吸引客人并且唤起他们购买欲望的广告文案。有一种非常简单的技巧，你可以在写作时将你的产品优势清单转化为清晰的广告论据。这就是所谓的"两个问题技巧"：通过它，你肯定可以成功。它是这样的：

回答第一个问题："客户从我的产品中得到什么？"

写下答案——这是产品优势列表中的一项。

然后回答第二个问题："客户从得到的东西中还能获得什么？"

示例：你为你的新女子健身课程写了一封销售信，课程于星期二和星期四在你的健身房进行。那么第一个问题的答案是："我的客户得到了更好的身材。"

但是，你的客户又通过好身材收获了什么呢？答案可能是："她丈夫称赞了她。"广告卖点就在那里！一个名为"Shebody"的体育馆写下了这样一个精彩的广告标语："周二学在Shebody，周四练在Shebody，周六收获赞美。"

立即尝试一下吧——使用这个技巧可以轻松找到其他解决方案！你还要另一个例子吗？

第二个问题："我的客户能从更好的身材中得到什么？"

可能的答案："男人会盯着她看！"

信函引言中写道："当你注意到已经结婚十五年的丈夫正在暗地里对你流露出钦佩的表情，你感觉如何？"

仔细检查列表中的每个推荐理由，然后针对每个点都回答一个问题："我的客户从得到的东西中还会获得什么？"你通常会找到一些有说服力的并令人惊讶的答案。凭借这些答案你会得到在竞争中脱颖而出的机会。

### 针对业务盲目性的附加提示

也许你也对这个问题深有体会：你已经完全了解这些素材，你对你的产品或者服务过于了解，以至于你无法写出简明扼要令人信服的文案。

有种简单的方式可以克服"业务盲目性"：当你写下一封销售信函时，给自己买一本针对初学者的紧扣该主题的书。比如说你提供室内设计和装饰服务。你已经在这个领域有了很高水平，平时阅读的也是全球顶尖的设计杂志。这个水平对写一封销售信函来说确实太高了。在准备阶段读如《房间设计的第一步》之类的书，把你自己拉回到目标人群的水平，你就会知道作为外行人会有哪些问题和疑惑。

### 附加提示：给自己点时间

一封好销售信不能只是简单地用零散的时间写。你需要时间来完成全程的 7 个步骤。因此，请至少在计划的完成日期之前一周着手准备。

## 附加提示：有创造性地复制

收集你喜欢的广告文案——无论你来自哪个行业。你通常可以在撰写自己的广告信函时"创造性地复制"一个想法。如果你发现一个好的想法，可以先问自己是否可以对其进行调整使它适合你的产品，这经常会诞生出一个全新的想法！

# 番外：一封信函活动的流程

如果信函无法送到客户手上，那文案再好也无济于事。所以，这里有一个销售信函活动流程的快速概览。

## 给产品下定义

首先你要给产品下定义，使其能够引起某些固定的客户群体的兴趣。信息来源包括市场调研，与客户交谈以及原始资料，诸如客户咨询。对直销来说的最佳产品具有以下三个特征：

1.客户很难在其他地方获得你所提供的产品或服务。

2.产品满足了客户的最紧迫的需求。如果一个产品不被客户需要，就算是用最好的广告邮件也没法将产品卖出去。

3.针对客户看重的特征，你的产品要与竞争对手的区别开来（例如价格、质量或产地、附加服务）。因为这样你的产品才是独一无二的。（请参阅《USP：3个决定你成功的字母》一节。）

**筛选地址**

现在你要清楚数据库中是否有足够多可供你选择的地址。如果你自己没有足够的地址或者想要扩大客户范围,则可以向专门的代理商租用或购买地址。

**设立目标**

与其他形式的广告相比,销售信函具有不可估量的优势,即它的成功非常易于检验。如果你发送带有回复表格的销售信函,则会很容易计算收到的答案并以此来确定你的回复。

如果你知道通过销售信函每个客户能为你带来多少利润,你就可以很轻松地为广告活动设定目标了。

我们用一个简单的例子来说明绩效考核是如何发挥作用的:每个版本你寄出了 30000 封邮件,每封邮件的费用为 1.5 欧元,总费用为 45000 欧元。你赢得的每个客户都会为你带来 200 欧元的利润。如果将总费用除以利润,则广告活动的目标数是:45000 除以 200,结果是 225。因此,要使广告活动获利,你必须用 30000 封邮件至少赢得 225 个客户。这就需要有 0.75% 的回复率。

### 确定发送日期

尽早设置发送的日期，这样你可以计算之后生产的所有阶段并确定关键数据。但是，在确定发送日期之前，你应该仔细研究日历。避免在节假日和大事件期间发送。在圣灵降临节[①]周，大多数人都在为节日做准备，不太愿意分心来关注你的产品。还要避开重大事件，例如大选，也会对结果产生不好的影响。

### 广告媒介的利用

使用什么广告媒介是次要的。因为只有在精准定义产品和目标群体之后，你才能设计出最能精确针对目标群体的邮件。如果你将工作外包给广告代理商，那么你手头目前应该有一份精准的广告信函的预先规定值。据此，代理商可以编写和设计适合目标群体的邮件。

### 准备好地址

你必须为了能将直销投入使用而准备好地址。这些地址必须是整理过的（特别要注意的是，如果地址的出处不同，不要重复发送邮件），并按照邮件价目表进行分类，以实现邮件发

---

① 圣灵降临节：又称"五旬节"，在西方国家是公共假日。

送的最低价格。这个工作是由专门的地址处理器完成的。

### 广告媒介如何生产信件

广告信函的生产要特别关注信件的重量，因为销售信函的最大成本通常是邮费。这封信在 20 克以下邮费就会比较便宜，超出后邮费就会贵很多。此时你必须特别注意纸张的重量和格式，这样才能将信件以便宜的邮费寄出。广告媒介如何制造信件另外需要注意的一点是：所有信件都必须可以通过机器装入信封，这样你就不必自己动手做这些事了。

### 准备好做出回复

邮件发出之前做好准备，预期的回信可以被迅速收到并且回复。必须要告知所有与客户会产生联系的员工，特别是你的电话客服部门的员工必须做好准备，因为即使你随附了书面形式的表格，越来越多的客户仍然会通过电话的形式进行回复。

### 将信件装入信封并寄出

通常，专业的邮政公司会负责将你的邮件发送出去。你的邮件会用插信机插入信封中，把地址打印在上面，然后信封上加盖邮戳，并对信件进行分类和包装，邮政以较为低廉的价格进行运送。

## 处理退信

利用退信（从邮局收到的没有送达的信件）来维护和更新你的地址列表。

## 统计和整理成功信件

统计邮件的退回数量。电话客服中心员工接到的电话反馈和邮件活动的数量也应一并进行统计。通过这种方式你可以快速确定广告活动是否能得到回报。如果获利了，你可以重复该操作并扩展一些新的地址。

如果没有获利，那请继续优化报价、地址的选择及邮件的设计。特别重要的是，尽可能详细地将所有文档进行存档——这些数字是做下一步操作计划的宝贵依据。

　　所有产品都很有趣，你的工作是找出它们为什么有趣。

——李·皮尔斯（Lee Pierce）

恐惧、内疚、愤怒、忌妒、孤僻和释放，如果你的信件没有使人们产生以上任何一种情绪，就将其撕掉，然后重新尝试开始写。

——鲍勃·哈克（Bob Hacker）

# ◎ 第三部分

## 市场营销的实操方法

# 初学者的绩效考核

你可以在降低广告成本的同时提高成功率！

埃里卡·穆斯特曼（Erika Mustermann）拥有一家小型翻译公司，专门从事俄语科技方面的翻译。她通过在全国六种专业杂志上刊登广告信函和分类广告来赢得新客户，多年来她每月的广告费用支出约为 3000 欧元。这么做很明智。

但是之后，她失去了一位占营业额约三分之一的重要客户。这就导致了她必须节省成本，而且需要比以前更多的新客户。

广告必须做得更好，并且也尽可能比之前更便宜。只有系统化的绩效考核才能有所帮助。在此之前，埃里卡·穆斯特曼都是依靠自己的直觉，通过猜顾客想法而选择广告刊登位置的。因为公司之前运作正常，她从未审视过这些刊登位置是否真的能带来回报。

仅通过几个简单的技巧，她就在一年内将广告费用降低了30%——同时，她获得了比以前更多的客户和感兴趣的人。

就像这个例子，数以千计的公司都这样，不仅仅是小公司。系统地对广告进行绩效考核是一个特例。它拥有着无与伦比的优势：降低了广告成本的同时提高了成功率！

你需要准备的就是一台电脑和一个简单的电子表格，例如Excel（如情况紧急，纸和笔就足够了）。你必须花费一些时间来系统地梳理你的思路。请按照下列步骤操作：

### 步骤 1：确定在新客户身上投入多少！

你需要找出，广告活动、广告信函或者广告宣传册是否均能给你带来收益。利用这种方式，你可以停止投放无法产生回报的广告，增加可以为你带来客户的广告的投入。

为此，你首先需要清楚地知道在每个客户或潜在客户身上花费了多少。一个例子清楚地说明了它的含义。

例如：你为广告付费 1500 欧元。

如果四个潜在客户对这个广告感兴趣，那你已为每个潜在客户支付了 375 欧元（1500 欧元 ÷ 4 = 375 欧元）。

如果有 72 个潜在客户因为同一个广告与你联系，则每个潜在客户只支付了约 21 欧元（1500 欧元 ÷ 72 ≈ 20.83 欧元）。

这样，你可以轻松地对比两个在不同报纸和杂志上的广告表现。例如：

一个广告（都出现在第六页）在杂志 A 中花费了 1200 欧元，在杂志 B 中花费了 1700 欧元。

15 人对杂志 A 中的广告感兴趣。每个潜在客户的费用是：80 欧元。

19 个人对杂志 B 中的广告感兴趣。每个潜在客户的费用约是：89 欧元。

总结这个示例可得出：尽管杂志 B 带来了更多的潜在客户，但是广告登在那里并不划算。在杂志 A 中，你为每个潜在客户支付的费用更少。

**步骤 2：你要确定，你可以为此支付多少钱。**

第一步是一种非常简单的技巧，它可以快速比较两个或更多广告给你带来的结果。但是如果你还需要了解广告（或销售信函）是否能为你带来回报，你需要找到一个你认为对"潜在客户或买家"可以付出并值得的最大值。

举例："为每个潜在客户支付最多 80 欧元对我来说是划算的，如果付的更多，那么钱就都花在广告上了。"

如果你对自己有这样的限额，那么很容易制作你的广告规划。例如，你可以按照步骤 1 来测试一本新杂志，统计反馈并计算为每个反馈支付的费用。如果低于限额："很好，从现在开始加大广告力度！"如果超出限额："算了！就不要再在这里做广告了！"

你怎样算出这个限额呢？有各式各样的方式。

（1）最简单的方法：通过邮寄销售产品（通过销售信函或广告）。这种方式的原理很清晰，你所要做的就是从售价中扣除成本和计划利润，便能得出自己的限额。例：

净销售额：30000 欧元

每个产品的花费（售价、运费等）：7200 欧元

你的预期利润：10000 欧元

你的限额：12800 欧元

现在，你可以使用该数字确定广告是否对你有价值。例如：你投放一则广告，费用为 3000 欧元，并获得 12 笔订单，针对每笔广告你需要支付 250 欧元，这太贵了！不要再继续投放了！如果你得到 23 笔订单，针对每笔广告你只需要支付大约 130 欧元，这笔买卖就是划算的。

（2）广告信函的专业版本：计算 BEP。它是"Break Even Point"的首字母缩写，意为"盈亏平衡点"。这个点就是促销活动能收回花费的点。而盈亏平衡点通常显示为百分比形式。BEP 的计算公式为：

$$\frac{\text{每千封邮件的广告费用}}{(\text{售价} - \text{单位成本} - \text{预期利润}) \times 10} = \text{盈亏平衡点}$$

举例：你销售产品并向客户收取 350 欧元的费用，每件的成本（购买价格、运输成本……）为 140 欧元，每个产品获利假如为 80 欧元。你通过销售信函来宣传，每封信的成本（印刷、邮寄……）为 1.8 欧元，1000 封邮件花费 1800 欧元。盈亏平衡点计算方式如下：

$$\frac{1800}{(350 - 140 - 80) \times 10} \approx 1.38$$

这表示你的销售信函必须获得约 1.38% 的反馈率，也就是说，每 1000 封信必须至少得到 14 个订单，否则你就得支付额外的费用，广告就不再划算了。

定位

## 你要走在服务者或顾问的前面

但它并不总是像上面的示例那样简单！也许像最初示例中的埃里卡·穆斯特曼一样，你是服务提供者或顾问，你不销售产品，每位客户为你带来的销售额都有很大不同，并且你的广告只能吸引通过要求提供信息或者已经预约了拜访时间的潜在客户。

当然也不是所有产品销售时都只是简单地套入这个公式中，但是这个想法仍然值得你借鉴：从产品或服务的售价中扣除成本和预期利润，然后将剩余金额设置为你的限额。

以下几点向你展示了如何执行此操作。你必须凭借你的一点点直觉，但通常你会找到可以使你更轻松的绩效考核并做出广告决策的限值。你可以这样做：

① 查看客户列表并计算可以从每个客户身上获得多少订单。例如，你可能会发现在失去客户之前，可以从每个客户那里平均收到五个订单。

② 然后计算每个订单的平均销售额。例如，你可以得到600 欧元。

③ 只需将两个值相乘，即可看到一个普通客户将为你带来3000 欧元。

④ 现在扣除你的成本，根据宣传："如果我赚 3000 欧元，那么其中的多少将用于支付租金、材料、我自己的工资、员工工资等？"这样会更容易掌握你账簿中的数据。

⑤ 然后你可以得出结论，例如，你的"成本"为 2600 欧元，剩下的 400 欧元可以为你赢得客户。

通常情况下你的广告和销售信函正处在第一步——吸引潜在客户。也就是说：一些客户想要预约一个咨询时间并了解更多信息或先通过电话与你交谈。

现在，你需要再次问一下自己的直觉和经验。因为现在你必须确定几次咨询谈话可以赢得一个客户。让我们假设你期望每三次咨询赢得一个客户。然后，你将自己的数字（400 欧元）除以 3，这样你就获得了使你更轻松的绩效考核并做出广告决策的限值。在我们的示例中约是 133 欧元。

接下来，你就可以轻松决定哪个广告能为你带来收益。费用为 1700 欧元的广告，仅带来了五个潜在消费者（1700 欧元 ÷5 = 340 欧元），这就示意你：不再继续投放。1000 封销售信函（合计 1800 欧元）能够带来 17 个潜在客户（1800 欧元 ÷17 ≈ 106 欧元），这就意味着：这个广告值，可以再做一次！

**步骤 3：如何使所有广告和销售信函变得可控。**

到目前为止，所学到的所有步骤都有一个前提：必须使所有广告和销售信函都是可控的！这意味着：你必须确切地知道哪些是潜在客户已回复的广告或广告信。只有这样你才能准确计算收益并且可以与其他广告进行比较。这里有一个很简单的方法。

**对于分类广告：**投放分类广告，并要求客户书面写信息。你在两种不同的报纸上做广告，以找出哪种报纸能带来更多客户。为此，你可以通过一些技巧来区分这些信件。

·在报纸 A 中，寄回地址写"Beispielstr.17a"。

·在报纸 B 中，寄回地址写"Beispielstr. 17b"。

另一个选择：不同报纸的广告回信可以写不同的部门。例如，报纸 A 的"穆斯特有限责任公司，部门 A-1"和报纸 B 的"穆斯特有限责任公司，部门 B-1"。通过这种方式，你可以轻松地将返回的信件和传真分类给相应的广告。

对于附有优惠券的广告：如果你将大型广告与优惠券一起归类，会更加容易。然后，你只需要在优惠券中的某处打印广告代码就可以了。例如："SP1799 登在《明镜》1999 年第 17 刊"。

**对于销售信函：**在回复的传真或回复卡上记录代码，可以通过该代码确定反馈来自哪个广告活动或地址列表。

例如：你将销售信函同时发送给 10000 个公司。5000 个地址属于部门 A，5000 个地址属于部门 B。你想找出哪个部门更适合你。然后如上所述对答复卡片或传真进行编码。在装信和发送时，必须确保被编码了的信件正确分配。

**那关于电话回复呢？**电话作为一种回复方式正变得越来越重要。在这里，只有一种绩效考核的方法：纸、铅笔和之前的理货单。养成习惯，问每个电话客服哪个广告或销售信件引起了客户的注意。

我已经向你介绍了在日常生活中把绩效考核作为入门基本的简单技术。你可能已经认识到使用这些简单的方法技巧可以解决多少问题。以这个案例为例，你的员工或文案撰写人提出了与你之前完全不同的全新的销售信函建议。你与你的员工讨论这个问题：他们中的一部分人说："太好了！终于有了新内容！"另一部分强调："不，你不能那样做！我们以前从没做过！"

如果没有绩效考核系统，作为老板，你现在必须根据直觉做出决定。那样代价可能会非常大！使用绩效考核系统，你就可以轻松测试。

你只需在测试邮件中发送新信件即可，将其与之前使用的广告信件直接进行比较。 例如，你计划将邮件发送到 10000 个地址，可以发送 5000 封旧的信函到 5000 个地址，同时发送 5000 封新信函到另一半的地址。答复卡或优惠券已经编码，因此你可以很简单地就将每个回复归类到旧信函或者新信函。通过简单地计算，你可以立即看到哪个信函为你带来更多收益。

这个方式同样可以用在广告上。你可以使用地址列表：只需测试并对数字进行比较即可。如果你记录了所有结果并将其妥善保管，那么你将积累宝贵的经验和知识，了解在广告中哪些对你有用，哪些没用。

# 让你的产品极具诱惑力

想象一下，营销就像是圣诞节。你出售的产品或服务就是礼物。你会直接将它们扔到圣诞树下吗？当然不会。你尽可能地把礼物包装精美，带着别致的蝴蝶结和精美的包装盒，还有闪闪发光的信纸和小卡片。所以，每件礼物都变得异常特别并且让人很难说不！

营销也是如此。就像你为圣诞礼物包装一样，也将产品或服务包装得尽可能精美，使客户无法抗拒。客户还能得到什么？他们怎么付款？他们能得到什么保证？所有这些都是你产品应该提供的。你可以在大量经过尝试和测试的产品附加项里进行选择。此列表为你提供一些建议。

## 免费赠品

免费向客户提供你的主推产品。在许多领域，这已成为一种必不可少的方法。例如杂志的订阅广告，客户希望收到订购杂志的同时，收到笔或计算器。将这种想法利用到你所在的领域！

## 保障

提供尽可能多的保障：退款，满意度或退货保障。各种保障为客户提供了安全性并减少了购买前的顾虑。如果你提供的保障是全面的（例如，陆地送达公司为其所有产品提供终身保障），则表明你100％相信你的产品或服务。

## 免费试用

你可以免费提供产品或服务的样品作为试用吗？或者提供价格便宜点的试用版？一旦客户可以免费试用你提供的产品，他们就有机会认识你的产品或服务并熟悉它。如果你无法提供样品或试用装，请考虑以下选项：

## 免费录像带、卡带或小册子

在德国很少使用视频作为广告媒介。如果你不能为潜在客户提供免费样品，请选择免费视频，向客户展示你的产品或服务的优势。比如：房地产经纪人通过视频可以展示整个办公楼的全貌。

### 抽奖活动

把你的产品与抽奖活动相结合。这样会激起人们对游戏的兴趣，额外的好处会让产品更具吸引力。

### 时间或数量有限的产品

几乎每个人都害怕错过一个好机会，在介绍产品时应充分利用这一点。仅在短时间内或限量提供特别优惠或特殊产品，这会使客户立马决定购买你的产品！

### 高级定制

为个别客户群制定独特的产品。例如，仅为你的最佳客户提供限量特别版或附加特别服务。这给人一种舒服的感觉，让客户觉得自己是独一无二的。

### 优惠的付款方式

价格高可能是几乎所有领域销售过程中的最大障碍。因此，请尽可能多地考虑如何使客户更轻松地付款。在某些领域账单付款与前台付款相比，交易次数增加了一倍。 你是否可以接受分期付款，以便客户对高额的款项可以预先进行部分支付？ 你可以接受信用卡付款吗？

# 零成本营销理念及建议

如果你想做广告，很多地方都需要钱：报纸每年会为广告栏的每一毫米收取很多费用。一个有吸引力的广告可以很快赚到几千欧元。邮政也会收取销售信件高额的邮费。电视广告的成本就更不用多说了，太高了。所以我们的出路是：尽可能免费或尽可能便宜地做广告。

下面会向你展示一些理念和建议：它们真的很管用，而且通常比你想象的更显而易见。将这些想法作为你日常生活中的建议和例子，你可能会发现每天都有很多赢得新客户的机会。仅凭这种意识就可以取得更大的成功。

## 示例：在每封信上都引出一些推荐

你是否只在第一次与客户交谈时分发名片？这是错误的！

你可以让你的名片一次又一次地发挥自己的价值，以赢得新客户并提出建议。就像我曾经遇到的金融经纪人就是这么做的。

他寄的每封信中都附有三张名片。他不只是把卡片放在销售信中，不论是产品介绍、预约确认信还是信息介绍信函，他都会放入附带的名片。通过这种方式，经纪人可以确保不断有新客户涌入。

这样做的优势很明显：你的客户可以非常方便地推荐你和你的产品。如果潜在客户（也许是朋友）询问客户有关好的金融经纪人的信息，他们可以立即拿出一张你的名片，因为他们有足够多的名片。

上次订购名片时你打印得太多吗？这样的话你就可以用这个主意，在每个待发信件中都放入一张额外的名片。但是，请确保你没有超出邮费限制：正常尺寸的名片大约重 1 克。

在你的信件中写上附言，请求收信人将你的名片继续分发给朋友或熟人。

"附注：您当然有朋友或熟人可以像您一样从我的产品中受益。所以我附送了一些可以方便您转送给他人的名片。非常感谢！"

### 示例：利用关注度最高的信函来做广告

仔细想一下：你的哪一封信可能会受到最多关注？正确答

案是：你的账单。流程是这样的：你将账单寄给公司，公司工作人员打开信封时会敲一个收信章。然后，它被转发给检查并签署账单的业务员。这之后，老板通常必须先签字，账单才能被会计处理，之后可能会被再次检查再付款。

这其中的每一站都存在一个营销的机会。如果你想采用这种想法，那就在你发送的每张账单上都写上你的产品。

在用于打印账单的程序中，创建一个自动印在每张账单上的文本模版，这种额外的广告不会花费一分钱。最好为收信人提供新的产品：特价商品、新的服务、性价比高的省钱套餐等。如果你有彩色打印机，请这样做：以其他颜色（例如红色）打印广告文字，以使它不会被忽略。

### 示例：与商业伙伴交换广告

你是否曾因高昂的广告费用向同行们连连叫苦？这个想法可能会给此番对话带来一个有趣的转折：把自己作为交换的对象。这种方式可以让你摆脱高昂的广告费用。

让我们假设你有一家小型货运公司，你可以通过该公司在全国范围内销售纯天然化妆品。因为你在分类广告中提供了宣传册和免费样品，所以你将通过分类广告赢得客户。但是这些广告价格昂贵，得到的反馈也寥寥无几。

那么就仔细查看你身边的其他分类广告。例如，如果托运人有一个广告宣传纯天然材料制成的服装，请致电给他并建议做一个交换。双方都将自己小册子、销售信函或试用装放到彼此的邮件中。你不会再碰到比这个更精准、更便宜地找到你的目标人群的办法了！

### 示例：吸引客户为你做免费的口碑宣传

口口相传是最好的广告：它不花一分钱，而且最为可靠。但是你怎么让客户为你做口碑宣传呢？看一看饮食行业会对你有所帮助。因为几乎没有其他行业像美食行业一样如此依赖口碑。你有没有因为一个广告去光顾一家餐厅？人们可能都更信赖朋友们的推荐！

我认识一个很有商业头脑的纽约餐馆老板，他发明了特别有效的方法来让人们给他做宣传。这是其中的三个：

· 餐厅六人起定。如果一对夫妇想要预定位子，必须至少邀请四位朋友，并说服他们这个餐厅是非常值得一试的。

· 随后提供的所有分量是平时的两倍。餐厅客人第二天在办公室与同事聊天时，会因为提到餐厅所提供的大分量而引起很多人的关注。

·"有味道"的口口相传：餐厅用大量大蒜为菜肴调味。这样，客人就无法避免第二天向别人解释大蒜味的来源。

这个美国餐厅的示例向你展示了关键点：如果你想客人为你做口碑宣传，就必须为客人提供相关的话题。

### 示例：剪贴营销

从现在开始，早餐桌上应摆放以下用具：报纸（可能已经在那儿了）、剪刀、胶水、纸、笔、信封和邮票。

如果一切准备就绪，那么按照"剪贴营销"的创始人贡特·比特纳（Günter Bittner）的步骤来进行操作，你可以在下一顿早餐中收获惊人的对你有益的广告成功。他的成功秘诀是：仔细阅读报纸，"剪下"所有解答你的客户（可能是公司或者个人）疑问的信息。将报纸中的消息贴在信笺上，写下评论，然后将信件发送给个人或公司。

比特纳使用这种方法扩大了他在奥格斯堡的办公家具店的规模：他收集手头所有报纸和杂志上关于公司和官方的信息。例如：日报说当地的一家啤酒厂庆祝成立二十五周年。比特纳在他的信笺上贴上了剪下的部分，并写了祝贺词和一个简单的问题：他是否能在未来二十五年用新的办公家具来维护啤酒厂公司的成功形象。

比特纳三天后打电话给啤酒厂老板，马上就和老板约到了会面。因为老板对这封意想不到的来信很感兴趣。比特纳最终成功了并接到重新装修整个行政楼层的大单。

他的经验是："如果你发送十封信，至少会收到五封回复。"如果没有收到任何回信，那就在发出信几天后打电话。"95%的人还记得这封信。这样一来你不费吹灰之力就获得了一个新的联系人！"

对于"剪贴营销"的创始人比特纳来说，这个创意非常成功，以至于他卖掉了他蒸蒸日上的办公家具店，以市场顾问的身份进行演讲，并撰写了一本有关剪贴技术的书。

# 使用公共关系

我们先简单地说说这个营销误区：许多企业家不敢做公关活动，即让媒体为他们工作。当然这通常不是完全免费的，如果你可以让杂志、报纸甚至电视台和广播电台对你的公司进行报道，那么这是最有效、性价比最高的广告方法。对于无法负担昂贵广告活动的新公司而言，性价比高的公关活动通常是成功的决定性因素。

这样的事就曾经发生在我一位朋友的妻子身上。起初，她将灯的设计作为自己的一个爱好。由于熟人和朋友们非常喜欢这种灯，来自自己周围的订单越来越多，所以她决定开一家小公司，并生产小批量的灯。做大型广告的话没有足够经费，因此，她只是写了一些新闻稿，并将其与一些精心拍摄的灯具照片一起发送给家居和生活杂志。这帮她取得了巨大的成功：德国具有最大发行量（数十万本）的家居杂志印了她的照片，并刊登了这位女士的地址，让大家来探访新颖设计灯的秘密。接踵而来的就是大量的咨询和铺天盖地的订单。一则新闻稿就将一家一人公司变成了销售额不错的中型设计公司。

该示例告诉我们：只要充满信心，花几欧元发送新闻稿，再加一点运气，即使是小公司也有机会被报道。你只是必须要敢于联系记者——通过电话或新闻稿，重要的是找对时机。我为你整理了一些技巧。

### 与记者打交道的正确方法

与记者打交道需要有敏锐的观察力和理解能力。因为大多数记者都会很自然地对你有所保留：你是企业家，只希望在报纸编辑时为自己做"免费广告"，你只是想利用记者。因此，这里有五个专业建议会使你与记者的合作更加轻松，并提高被报道的机会。

建议1：利用信息提供者。

通常最好不要引起媒体对有关自己公司的故事的注意。找一个信息提供人作为中间人，他可以打电话给编辑部，并提供有趣的照片。或是你信任的自由撰稿人，将你的故事提供给专业期刊。

这样做给你带来的好处是：你不会以请求者的身份向新闻记者求助。反过来，是记者主动找你，因为他预感到会有一个有趣的故事。

建议 2：自己成为信息提供者。

记者最喜欢的是他们能独家报道的有趣的故事。你可以时不时地为编辑提供一个独家报道。例如，你有没有听到一些小道消息，或者听说一家有趣的公司正计划入驻你的所在地？这些对于当地的报社来说可能是非常吸引人的话题。

这样做给你带来的好处是：记者会记住你，甚至会有一点觉得为你报道是他的责任。例如，他很有可能会详细报道你的下一个周年纪念日。

建议 3：宽恕错误。

名字拼写错误被记者们认为是一个不可原谅的初学者的错误，但是，你很快就会发现：你的名字一次又一次地被拼写错误，公司名称不正确，专业主题介绍得太简单。这样的小错误会在本地编辑人员中经常发生。因为一些初学者或实习生经常在这里工作，而且时间压力很大。正如行话所说，他必须一天之内将所有文章写在自己的版面上。自由撰稿人每天"拿下"整个本地版面并不罕见。

对于这种错误，你可以给出最坏的解决方法：给这个记者或他的老板打电话并把事情弄糟。如果你这样做，那可以肯定的是：他永远不会再报道你或你的公司。

心平气和地忽略这个小错误，仅在报告中出现关于你公司的严重错误，需要更正时才致电。并且你应首先感谢这个报道，赞扬作者对重要事情的生动报道。然后缓慢说出这一点："实际上存在一些小纰漏，可能是因为你没有足够清楚地表达自己的意思……"如果你谨慎地处理这种情况，你甚至可能会得到第二份报道并且其中的错误都会得到更正。

建议4：请勿与广告部门争论。

给广告部门压力，就像抓住细节，吹毛求疵一样糟糕。一些企业家威胁说，如果对竞争对手的周年纪念活动报道超过对他们自己的周年纪念活动的报道，或者出现了可能对自己的公司有负面影响的内容，就永远不会再在那里刊登广告。殊不知，威胁要撤回所有广告的公司其实是在自我伤害。

另一方面，在小型出版商和商业杂志上刊登广告时通常都会经过编辑后再进行报道。不过，不要自己提出这一点。

建议5：只有小甜头才能维持友谊。

有些记者为了追求自己的利益，不会错过任何在购买汽车或电脑时从媒体折扣中受益的机会，有些甚至双手奉上对那些公司有利的报道。

　　但是请注意，这只是一小部分！大多数记者对任何看起来像贿赂的事都很敏感。

　　对你来说，这意味着：不要送贵重的礼物也不要慷慨请客！提供一些小甜头，比如在做背景讨论的时候提供小吃、带圆珠笔的即用型书写板等。

# 无广告营销

在前面，你已经看到许多获得免费广告的方法，公关通常是吸引新客户的划算且有效的方式。另外，我想请你注意另一个重要的营销方法：没有广告的营销。我的意思是指你公司的基本理念和组织架构。如果两者都是以客户为导向的，那么这就是非常有决定性的营销因素。以下是主要的九项原则：

1.我总是向客户提供比我承诺的更多的东西。（这会使客户向别人推荐我。）

2.我一直准备满足更大的需求，例如一场广告活动后，快速高效地满足客户需求。

3.我的公司、公司员工、我的产品或信息材料等整体外观都让人觉得值得信赖。

4.我的报价始终清晰、统一且公允。

5.所有客户和员工，甚至我个人可能不太喜欢的客户和员工，始终得到诚实、友好和专业的对待或服务。

6.我可以用几句话清楚地描述我的公司到底是做什么的。

7.我可以清楚地介绍我的典型客户。

8.我的客户确切地知道他们想从我这得到什么，他们了解我的产品或服务的优点和好处是什么。他们确切地知道我的产品或服务的独特之处。

9.如果客户认为我的公司有一些问题或有所不满，最后都会非常满意。

# 最简单的增加销量的方法

你想花费100欧元还是10欧元来获得下一个销售的成功？

专家说：赢得一个新客户的成本比说服现有客户进行第二次购买的成本高出10倍。因此，在做广告时总是想赢得新客户是一个错误想法。

你的钱花在针对现有客户的广告方面，可以获利更多。因为你已经与之开展了业务，客户了解你的服务并熟悉你的公司，这样的话再次购买要容易得多。这里有7个理念，你可以通过这些理念来培养和照顾最有价值的客户。

## 理念1：为最佳客户提供特别定制的东西。

你是否仔细看过哪些客户是你最久和最忠实的客户？计算这些客户为你带来了多少销售额和利润，并一起计算一下这些在你身边待了这么长时间的忠实客户，将会为你带来多少利润，你可以很快确定，如果你失去他们中的一个，都是巨大的损失。因此，有必要为5%或10%的最佳客户提供非常特别的服务。

一个巴伐利亚度假胜地就是这么做的。他们用了一个让人好感倍增的方法：对于第十五次在度假村度过至少一个星期的每位客人，度假村会给他设立一条"个人长凳"，上面标有客人的名牌。老主顾可以选择他最喜欢的地点安放长凳。这是他自己的长凳！不出意外的话，这些客人在接下来的十五年仍然会选择这里作为度假地！

这个理念可以很容易地应用到其他领域。这只是两个示例：

· 你为每个特别忠实的客户种下一棵树。

· 你可以以你五年的老主顾之名，在当地的孤儿院捐赠玩具。


**理念 2：使之私人化。**

人们之所以会持续回购的一个重要原因，就是私人的个性化待遇。这里有个主意，教你如何通过小的广告赠品让你变得特别私人化。一家印刷店为其展位雇用了一名摄影师，为所有来访的访客拍照。展会结束后，所有参观者都收到了自己的照片，他们向印刷店的经理展示了照片，并一起感谢这次友好的交谈。

你可以在每个展会或每个营业时间只花一点点钱就将这个

想法实现。但是，你也可以将其转变成一份针对个人的特别的销售信函。例如这样：

作为汽车经销商，邀请客户试驾你的最新车型。你在漂亮的新车前给每个接受邀请的人拍照。如果一两周后还没有接到潜在客户的电话，就把照片发给他，并问："您已经做好决定了吗？""我可以给你提供一个特别实惠的、新的付款方案吗？"这张照片会给你一个绝妙的机会，让你再次开始销售。

而如果客户在试驾后决定买你的车：在你交接新车时，可以把照片装在一个漂亮的相框里并送给他。

### 理念3：定期进行客户会谈，参与进来的人，会和你保持统一战线。

邀请你的客户定期参加讨论组！询问你的客户对你的服务的满意度如何，询问公司的优势和需要改进的地方。这个主意可以为你带来双重效益。

（1）你需要贴近你的客户。你要了解你的客户有什么愿望和需求。你可以相应地调整你的产品，这样可以更容易地帮助你判断出在广告中需要强调哪些论点。

（2）和你合作的人，大概率还是你的客户。因为每个人在自己的意见被接纳时，都会感到很荣幸，感到备受尊重。

邀请你最好的客户参加这样的客户论坛。在餐厅或酒店组织会议，这就让你有机会用一顿免费的宴请来答谢客户的参与。

**理念 4：对客户的要求做出快速、有创造性的反应。**

如果你很久没有收到客户的消息，原因可能很简单：他可能不再有能力或愿意负担你的服务。储蓄是一种趋势——不管是在公司还是在大多数私人家庭中。

受储蓄潮影响极大的是餐馆。因为能负担得起外面昂贵食物的人越来越少。柏林的一家中餐馆对此做出了如下反应：它的所有菜肴都提供经济版。盘子里的菜量只有平时的三分之一，而客人只需支付正常价格的三分之一。恰恰与行业的趋势相反，这家中餐厅没有陷入亏损的困境。你也应该检查一下你的产品：你可以提供哪些经济版本来留住那些必须看好钱包的用户？这不仅仅是涉及降价的问题，你也需要相应地减少你的服务。

**理念 5：赢回老客户。**

当以前的很好的客户不再联系你，你该怎么办？

你注意到了吗？定期翻阅你的客户档案，找出不再光顾你公司的顾客，养成给客户打电话的习惯，你会立即发现原因是什么，并马上赢回其中的一两个。但是为了赢得老客户的芳心，你可以做更多的事情。

这个例子是这样的：伍珀塔尔一家老字号钟表珠宝店的老板邀请所有今年庆祝银婚或金婚纪念日的夫妻参加一个丰富多彩的晚会。唯一的条件是：婚戒上必须有他家的印章。

这不仅为珠宝商带来了与老客户联系的机会，还让当地媒体做了免费的公关报道。

**理念6：设置专家咨询时间和热线电话。**

你是你所在领域的专家！这是你开展有效客户关系管理活动的资本。设置一个专家咨询时间，就你所在领域的话题接受咨询。

服务也是一样的：不要让你的客户只是使用你的产品。提供尽可能全面的热线服务，来帮助客户解决有关服务的所有问题和疑问。这样就会把新萌生出来的不满扼杀在摇篮里。

热线和专家咨询还有一个作用：能与客户保持联系，并获得交叉销售的机会。如果客户打电话提出问题并得到满意的答复，当电话接线员提供新产品信息时，他们可能也会很高兴地接受。

### 理念 7：谨记让顾客满意最重要的成功公式。

最后，客户关系管理最重要的成功公式是：总是为你的客户提供一点你之前没有宣传的额外的东西。或者说：总是比承诺的多做一点。

以邮购为例：让客户在拆开包裹时能够拿到一份广告礼物或者提示手册，用它们来答谢客户对你的信任。不要提前公布礼物！否则产生的惊喜效果将会大打折扣。

以餐饮业为例：如果新人选择在你的酒店办婚礼，你可以赠送他们一张酒店的住宿券，让他们可以在酒店免费过夜。

以房产中介为例：当你成功安排好公寓的房客入住时，给他们送上一小束鲜花，并写上"恭喜你入住新房！"。你的客户在寻找新公寓时，会想到你并把你推荐给别人。

# 推荐营销

哪些是最优质的且最容易赢得的客户呢？当然是那些自己来找你的，没有看任何广告、收到亲朋好友的建议来找你的新顾客。

对于这些客户而言，你的优势是：他们已经或多或少地对你产生了信任。你不再需要向他们证明你的产品是最好的，新顾客已经知道了，因为他们是从朋友那里得到的建议！

## 对传统广告的不信任感在增加

客户变得更加挑剔和内行。也许你自己已经注意到，你的广告或宣传信在过去更容易成功。如今，大多数客户对广告持有较高的怀疑态度。广告的承诺从根本上受到质疑，但是朋友的建议却值得相信！

## 推荐提供导向

所有领域中都存在着客户顾及不到的产品。无论是电脑、保险还是汽车，对每个人来说都有数百种选择。专业杂志和消费杂志也只能提供有限的指导，因为一本杂志推荐这个，另一本杂志推荐那个。所以，朋友的好的体验，就成为最有价值的参考。

### 客户需要安全保障

如今客户比以往任何时候都更需要安全保障。在购买能力有限的情况下，人们先试买一个产品并不受欢迎。而一个客人们信任的人的推荐，就能给足他们安全保障。

### 想想成本优势

顺便说一句，通过每一次推荐赢得的新客户，都是一种成本优势：你在新客户身上没花一分钱。他是一个礼物！

所以你有足够多的理由去思考如何使推荐营销变得活跃起来。不要把推荐这个事情只视为偶然。好好花心思去做，确保你的客户向他人推荐你的公司，甚至作为"秘密资源"推荐给其他人。

问题是：如何才能刺激人们为你做口碑宣传？如何激励客户多向朋友、熟人、亲戚推荐你的公司？

这里给你提供三种策略：

1.你在你的领域里取得了非常卓越的成就。

2.你超越了客户的期望。

3.你避免了负面的口碑。

# 3 个免费获得好口碑的策略

## 策略 1：创造出值得推荐的顶级服务。

如果你想让口碑营销成功，就必须提供值得推荐的服务。

乍听起来，这很简单，仔细思考后，实施起来并不是那么容易。盲目地改进一切可能并没有什么帮助。你只是在浪费你的精力，最后并不会得到你想要的反馈。因此，规则是专攻某一目标群体及其问题并在这个小的领域提供顶级的服务。这样一来，你就可以用相对较少的支出成为一个炙手可热的专家。这里有一个例子：

一名来自法兰克福的年轻业余运动员在滑雪时受了重伤，只能一直坐在轮椅上。在整理材料的时候，他意识到了残疾人投保的难度很大。对大多数公司来说，风险太高，他们并不欢迎这样的客户。但他并没有放弃，最后终于找到一家合适的保险公司，以优惠的条件为他投保，他才搞定了自己的保险。也正因此他成了这个领域的专家，并找到了自己的新职业。他现在是一个残疾人保险经纪人。他不需要担心没有客户，因为他作为一名专家已经被一再地推荐给其他人了。

你如何在你的专业领域中创造出值得推荐的顶级服务？要想回答这个问题，可以分为以下五个步骤：

第一步：找出自己的优势所在 。

·你的特别优势是什么，你（和你的员工）最想提供什么服务？

·你在哪些产品或服务上做得最成功？别人称赞你什么？

第二步：确定自己的专业领域。

·从你的清单中可以看出你的哪些优势有专业化的可能性？

·你能为客户带来哪些专门的收益？

·你从哪方面着手解决目标群体的迫切问题？

·客户对哪种服务的需求最大？

第三步：准确界定目标群体。

·你的公司对哪些人吸引力最大？

·在你看来，哪些客户是最好的？

·哪些客户最常推荐你？

·你能为哪个客户群体提供最大的利益？

·哪个客户群体对你的特殊服务需求最大？

**第四步**：寻找提高自身形象的机会。

· 把自己设身处地地放在目标群体的位置上。

· 在你们的服务中出现了哪些相关问题、需求和愿望？

· 你已经为哪些问题制订了解决方案？

**第五步**：设计出理想的解决方案。

· 对于目标群体的问题，你最理想的解决方案是什么？

· 你的目标群体想要什么解决方案？

· 你可以采取哪些措施逐步实现客户的愿景？

这个过程与定位和确定 USP 有很大关系。因此以下是已知的 10 个定位原则：

（1）不是更好，而是与众不同；

（2）不是优秀，而是非凡；

（3）成为第一；

（4）如果你不能成为第一，请创造出一个新类别；

（5）精而非广；

（6）瞄准基本需求而不是特定步骤；

（7）聚焦小目标群体；

（8）为他人解决一个问题；

（9）说出来吧；

（10）精准定价。

## 策略 2：超越客户的期望值。

什么时候客户会正面评价你的公司？当他得到的比他期望的多的时候。所以你的推荐营销的法宝就是 "期望"。客户满意可能会让你的公司维持生存，但如果你想获得更多的成就，必须要超越期望。只有在你做的远远超出客户期望的情况下才会产生好的口碑。这里有一个例子。

大多数人对工人的期望是什么？好的工人很难碰到，大多数经常不守时，会留下污垢和一堆烂摊子。因此，一个依靠推荐营销的装修工人，会通过这些服务给客户带来惊喜。客户决定工人什么时候来（而不是工人决定），当工人到来时，顾客不用动一根手指头，房间会被打扫得干干净净，家具摆放得整整齐齐。

当一切完成后，会被好好清理和重新摆放。因为私人客户喜欢及时的回复，所以在电话的第二天就会有员工来接受客户咨询。24 小时后，客户的桌上就会有一份拟定好的成本估算合同及预约时间。装修工作结束后，会有一份验收协议。如果客户仍有不满意的地方，公司将立即解决这些问题。这个例子是真实的。这家小型装修公司已经发展成为德国市场的领导者。它拥有 150 个特许经营合作伙伴，甚至还经营着一家成功的有关油漆业务的咨询公司。

这个例子中的理念可以很容易地应用到其他领域。以医生为例，鉴于医疗系统的情况，他们不得不对营销进行更多的思考。试想一下，你去看医生，然后得到一个处方。第二天，你接到医生的电话：他询问你是否已经感觉好了，或者是否出现了副作用。这远远超过了你的期望！医生通过一个简单的电话，给了你一个下一次把他推荐给其他朋友的理由。

为了使用这种策略来激起别人的推荐和赢得免费口碑广告，你需要了解客户的期望。很简单：只要问一下就可以了！如果你从事的是提供服务或顾问的工作，那就更容易了。比如作为银行职员、手工业者、医生、财务顾问、软件开发商等，你会每天与客户接触，并向他们询问一些简单的问题，这会帮助你立即发现他们的期望。

·你为什么选择我们？（"某某先生推荐你。"）

·他为什么推荐我们？（"他说你提供特别好的……"）

**策略 3：避免负面口碑——把爱挑刺的人变成推荐者。**

口碑营销的难点在于：它可以产生积极也可能是消极的影响。更糟糕的是，差的口碑比好的口碑传得更快。

来自美国的口碑专家杰瑞·威尔逊对顾客就公司的好坏体验会怎样讨论做了调查，结果符合 3：33 规则。

· 平均来说，好的体验顾客会向别人讲述 3 次。

· 而不好的体验，则被顾客向别人讲述 33 次。

如何阻止不满意的顾客把他的经历告诉其他 33 人？解决办法是，如果客户有投诉的原因，要让他立即跟你谈，而不是跟其他人谈。如果一个不满意的顾客直接把他的愤怒和失望都说给你听，他就不需要再和别人讲一遍。

如果你能对他的抱怨做出正确的反应，你甚至有很大的机会把爱挑刺的人变成老顾客和热心的推荐者。


你最重要的任务：让你的客户开口

调查显示，最多只有 5% 的不满意的顾客会投诉。剩下的95% 的人以其他方式（如通过负面口碑宣传）发泄愤怒。大多数人在下次消费时直接就会去竞争对手那里。

因此，你最重要的任务就是让你的客户开口。让客户知道：欢迎投诉！

这里有3点建议：

**建议1：** 在与客户的每一次谈话中都要强调，如果出现问题，马上告诉你。

**建议2：** 让客户清楚他们可以在哪里投诉。例如："请找我们的总经理汉斯·穆斯特曼"或"拨打我们的服务热线，电话……"

**建议3：** 尽量让投诉简单一点。不要要求顾客做麻烦的事情，就像你看到食品的包装上写的那样："打开的包装，注明购买日期和零售商，寄给……"如果客户只需要拿起电话投诉，就会简单很多。

正确对待投诉客户

每一次投诉都是一次机会！为什么？你也看到了，当超越客户的期望值时，就会出现正面的口碑宣传。如果顾客现在抱怨，那么在大多数情况下，他认为会出现麻烦和争吵。但如果你不这么做，而是设法以友好的方式对待客户，倾听他的意见，并找到一个好的解决方案，那么你已经超过了他的期望。你不仅避免了负面口碑，甚至给了投诉人一个继续推荐你公司的理由。要做到这一点，请对每个投诉进行这4个步骤的处理：

步骤1：营造良好的气氛。

如果有生气的顾客打电话来，先跟他谈谈。他如果想发泄，就不要去和他争论。避免谈论自己的意见。要表示理解："我能理解您的愤怒！"

步骤2：表示感谢。

感谢客户立即与你联系。让他知道，他的满意对你来说很重要。

步骤3：解决关键问题。

现在要解决关键问题了："我做什么能让您满意？"要问客户想要什么样的解决方案。很多人不敢问这个问题，因为他们觉得客户会提出过分的要求。这种情况确实存在，但你很快就会发现，通常情况下，客户要的只是适当的补偿，甚至只是道歉。

步骤4：达成协议。

客户想要的补偿，现在在你们之间已经达成了共识。这就消除了负面口碑的危险。然而，为了确保最终从投诉中能产生积极的推荐，你还要再做决定性的一步。给别人推荐是因为超出预期。因此，你应该做一些比客户要求的赔偿更多的事情。

像对待 VIP 一样对待他，送给他感谢卡，给他额外的折扣等一些他根本没有提出的要求。

如果你遵循这些步骤，你就有很大的机会把一个投诉者变成你最好的、最忠诚的老客户。你处理投诉的速度越快，你的机会就越大。

# 番外 1：为什么 90% 的营销计划 不起任何作用

### 原因 1：许多营销计划盲目跟风。

例如电子商务行业。没有耐心等待，没有详细调查客户是否早就想要通过互联网来购物以及购买什么，初创公司像那些已经成熟的公司一样在昂贵的网店上投资数百万欧元，但是只有遵循经典营销规则的网店才能幸存下来。

这些规则有：

（1）成为第一名。

（2）提供任何地方都没有的特殊产品。

（3）足够的利润率。

### 原因 2：缺乏专注。

专注带来的成功远胜于多元化。新的营销计划通常会在吸纳新产品的同时也不放弃老产品。产品的扩张往往只能证明无法创立出有效果的营销理念。

### 原因 3：仓促定价。

如果销售额不够，那么降价会有很大的诱惑力。但是降价可能会带来致命的后果。那就是利润变低。客户已经习惯了，他们已经被培养成了廉价商品的买家，他们只会等待价格下跌而不再愿意为正常价格买单。

### 原因 4：创建营销计划时没有事先定位。

市场营销要注意所实施的定位。但是，如果这种定位不成功，那么营销将毫无用处。最多只能获得一次性的成效。客户推荐这一方式将不会起到助推作用。此外，如果没有明确的独特的销售主张，也没有通过定位调查得出的明确独特性，营销就是浪费大量精力。

### 原因 5：把无关紧要的产品差异当卖点。

对客户来说你的产品必须与竞争对手产品的某个重要卖点截然不同，否则，在市场上就没有机会。

营销中最常见的错误之一：企业家将那些客户看来并不重要的东西视为产品差异，因此他们很难引起客户的注意。请仔细检查你的营销策略是否基于充分的差异化。只有与客户保持联系并了解他们的意愿和喜好，你才能确定这一点。

### 原因 6：有限的认知限制了视野。

在设计营销计划和广告时，许多企业家都仅仅将重点放在自己和与自己最相关的竞争对手身上。但是你客户的时间和精力有限，因此，即使你的报价比你直接竞争对手的报价更好，也可能被忽略。每天都有成千上万的内容在博取客户的眼球和青睐，因此，你的竞争并不仅仅来自你自身的行业。

因此，请检查你的产品是否可能过于"友善"，从而得不到关注。密切关注尽可能多的公司的营销活动，并尝试向最成功的公司学习，即使它们并非来自你的行业。

### 原因 7：找错目标道路。

太多的公司还没有学会放弃无效的策略，相反，它们一直在尝试新的技术和策略。若是一匹马死了，你应该下马。古代印第安人都知道这一点。注意不要专走一条特定的道路，起作用的营销才是成功的。测试并使用能够带来最大回报的工具、技术和策略。

## 原因 8：想要转变别人。

营销计划和相关的广告只能让人们关注到你所提供的东西，你应该关注潜在客户。潜在客户基本上就是已经对你所提供的产品感兴趣的人。不要尝试通过营销活动和广告来转变别人，比如想让人们听到这句广告词"你应该生活得更健康，然后……"后发生转变。

请记住：烟囱清洁产品并不是被最成功地出售给了家里烟囱最脏的人，而是出售给了拥有最干净烟囱的人！

## 原因 9：过分追求美丽。

许多营销计划最终都会产生创意性广告，但是，对于广告最常见的误解是它们必须制作精美且产生美学影响。甚至可以说，这些广告大部分是致命的。因为它们会基于公司老板的品位进行选择。

广告应该只是从是否达到公司目标来进行评判，太过华丽反而卖得少。创意也不一定非得是原创。

创意才是卖点。记住：很多获奖的竞选广告很快就销声匿迹了，因为它们过分追求美丽。

# 番外 2：你需要检查广告代理商
# 的 6 个点

许多广告代理商的工作很出色，但是，也有不少的代理商不是为了客户的利益而工作。将以下 6 点作为你的检查清单：

1.广告代理商的员工会将自己视为一名艺术家。但是，广告人也必须是销售。广告代理商试图使广告变得精美，但通常美丽的广告却不是那些能够卖得好的广告。

2.广告代理商对广告成功的定义与企业家不同。广告代理商认为广告如果能获得关注，就会在回忆值或竞争价格中获胜。对于企业家而言，广告只有创造销售额，才算成功。

3.广告代理商首先想要出售价值不菲的概念，写出长达一页的"概念"和"策略"，实际上，好的广告和销售理念总是很简单，可以用几句话来解释。大多数广告代理商不喜欢这种简单，因为他们无法为三句话收取高额费用。

4.广告代理商基本上是重新分配者：许多订单是在自由撰稿人和图像设计师的帮助下完成的。你也可以自己直接雇用他们，而无须向代理机构支付额外费用。对于企业家来说，这样做的优势是：

（a）节省成本。

（b）可以自己对广告进行把控。

（c）与创作者及其思想建立直接的联系。

5.广告代理商通常将中小企业视为二等客户。因为他们的订单是由对业务不熟悉的年纪轻轻的初学者和实习生完成的。

6.广告代理商想要兜售那些他们承诺会产生高额收益但在广告中是多余的广告材料。典型的例子是16页的光面图像手册。没有客户愿意读16页有关赞美公司的广告。广告代理商的员工帮你的公司成功不会使自己飞黄腾达，但是销售额高就会。

## 结论

使用上面列出的要点彻查你的广告代理商，并非所有的广告代理商都不好。要确保在广告代理商确实为公司利益着想的情况下，才与广告代理商合作。否则，请寻找自由撰稿人和图像设计师。与这些富有创造力的人保持联系，与他们讨论你的商业模式，你会惊讶于这些人的想法。

# 番外 3：所有的趋势对你来说意味着什么

消费者的习惯会缓慢但稳定地改变。任何不适应客户不断变化的需求，一如往常地做下去的产品或服务，迟早会出问题。

因此，对企业家来说，对市场保持敏感很重要。建议你留意趋势和发展，以便早早为不断变化的需求做好准备，免得在某个时候因意料之外的销售额下滑而吃惊。

为了帮你把握趋势，你可以在以下找到一些当前的消费者趋势和营销趋势，这些趋势在 21 世纪初很重要。从现在开始，以此为契机应对营销工作做出发展和改变。

## 安全第一

对安全的需求正在增长：人们对世贸中心袭击事件的反应只是达到了长久以来事态发展的高峰。它始于"蚕食"趋势：人们撤退到安全的私人领域。犯罪率上升，再加上越来越多的关于战争、灾难和暴力的媒体报道，导致了人们的安全需求日益上升。

营销的逻辑结果是产品和服务的成功，满足了这种日益增长的安全需求。不仅仅是那些传统上与安全有关的产品或行业（如报警系统或安防系统），这种趋势几乎对所有行业都有影响。仅举一例：为客户提供安全保障（如安保完善的酒店、延长取消保险时限等）的旅行社就走在了前面，并取得成功。

你需要思考：你的产品或服务是否满足对安全日益增长的需求？通过附加安全性服务可以使你的产品更吸引人吗？

### 有白发的顾客

就在几年前，这简直是不可想象的：一家化妆品公司正在寻找一位 57 岁的女演员，并让她马上成为其产品海报和广告上的形象代言人。现今的事实是：自 2001 年秋季起，已近 60 岁的法国女演员凯瑟琳·德纳芙便成为知名品牌欧莱雅的国际形象大使。

你可能已经注意到，越来越多的大龄模特出现在广告和商业广告中。随着年龄金字塔的日益变化，这种趋势只会越来越明显。越来越多的老年人无法在当下的广告和商品世界中重新找到自己。另一方面，越来越多的公司发现 50 岁以上的人目前是最具潜力的目标群体。这不仅适用于医疗相关领域的产品，甚至保险公司也开始采取措施，开发专门针对老年人的投资产品。

你需要思考：你的产品或服务可以供 50 岁以上的人群使用或为他们服务吗？你是否需要使产品变得更符合中老年人的需求，以便你可以服务未来的最大目标群体？你提供的服务可以顺应更成熟和更年长的人群当下的需求吗？


## 永远年轻

这种趋势仅仅是表面上与前一个相互矛盾。因为他们喜欢被称呼为"新新老人"，他们的需求上升了，想要保持比实际年龄更年轻。"变成熟：可以！变老：拒绝！"这可能是他们的座右铭。健身大师在其畅销书中不下一千次提到了"永远年轻"的口号。

越来越多的老年人都在拒绝衰老的消极一面。变老越来越被认为是可以战胜和克服的，新的需求会通过新产品和新服务来得到满足。

你需要思考：即使你在广告和产品中与老年人打交道，也要注意不要提及变老的负面影响。如何使你的产品和服务帮人变得成熟有魅力而不是变老？

## 大众化定制

20 世纪是大宗产品的时代。可取代的，低廉的，可批量生产的。相比之下，21 世纪的消费者对这些越来越厌恶。数十年的兼容过后，人们越来越需要根据自己的个人需求而量身定制私人产品。

趋势研究人员已经为它找到了一个新的名字。大众化定制是一个神奇的词。它代表的是可以低成本大量生产，但也可以尽可能定制的产品。实践中是怎样的呢？在 20 世纪，预制装配式住宅被认为是一项伟大的成就，因为它使房屋价格更加合理。然而对于今天的客户而言，这已经不够了。他们不再希望住在跟另一个房子一样的房子里。对此做出的改变是：如今预制房厂家在规划阶段就为客户提供了自行确定平面图和建筑材料（在一定范围内）的选择。其结果是个人的房屋可以通过模块化系统高效地生产。

你需要思考：你的产品是否足够私人化，从而可以考虑到客户的要求？你是否可以提供个性化服务，而不必收取"量体裁衣"的价格？

## 许可营销

专家估计，普通消费者每年会删掉大约一百万条广告消息。商业广告动不动就会打断电视的播放，每一次的海报，每份报纸上的广告……逻辑上产生的后果就是厌倦，拒绝，最好的情况是无视。

解决方案之一就是许可营销——自行翻译过来就是：被许可的广告。这意味着客户对采取的广告和推广已经表示同意，与"打断营销"相反。传统的打断广告将顾客从影片中拉走，并在没有询问的情况下用广告信息使客户变得不知所措。

这种新的许可营销的典型示例是通过电子邮件发送新消息：客户只有在给出其同意书并向公司提供其电子邮件地址的情况下，才会收到此广告。

另一方面，电子邮件简讯和客户杂志通过预付款"购买"客户的注意力和青睐。在最佳情况下，客户杂志为客户提供有价值的信息和舒适的消遣。客户更愿意接受和关注公司的广告，从而获得回报。

## 你需要思考

你给了支持你公司及广告宣传的客户哪些"回报"？你可以提供优势以获得你做广告的许可吗？你实际上真的在广告、

简讯和客户杂志中提供了有价值的信息或娱乐方式吗？

## 病毒式营销（或只是口头宣传）

病毒式营销是一个最新的流行词。指的不只是过去好的口口相传的广告。病毒性营销这一术语的发明显然是为了说明，客户很快就会知道新产品或服务，尤其在网上会像计算机病毒一样迅速而可靠地传播开来。

公司知道，他们是通过推荐赢得了最大和最佳客户。但是，问题在于口碑并不像广告活动那样容易启动和计划。当你提供出色的产品或吸引人的新品，人们觉得值得时，才会自愿告知他人，这样才会产生口碑宣传或推荐。

你该做什么来确保你的客户向其他人推荐你的公司？

# 结 语

实现成功。你的未来将取决于你今天在做什么。

如果你想要一个黄金般的职业未来，就必须养成思考定位和营销的习惯。不是一次，不是零星几次，而是多次、每天。

有了这本书，你就有了一个每天陪你左右的伴侣。把这些小建议落实好，以获得专业上的成功，你知道我们问题的质量决定了我们生活的质量。

发挥你的才能。实现成功。

您真诚的，

博多·舍费尔

# 待办清单

_____

_____

_____

_____

_____

_____

_____

_____